职场破局

打造职场七种底层能力

木沐 —— 著

如果你对职场未来发展感到迷茫和焦虑、没有方向、无所适从，如果你在职场中缺乏竞争力、无法获得领导的信任和认可，如果你遭遇职业发展瓶颈、却不知道如何突破……

这本书将从七大角度来整体提升职场人的竞争力，包括：积极主动、持续学习、目标计划、高效行动、问题解决、高情商沟通和扩大影响力，并给出针对性的方法、工具和技巧，使读者读后立刻就能上手运用，夯实能力基础，系统提升职场竞争力，助力你成为实力超群的职场精英。

图书在版编目（CIP）数据

职场破局：打造职场七种底层能力 / 木沐著. — 北京：机械工业出版社，2023.10

ISBN 978-7-111-73824-4

Ⅰ. ①职… Ⅱ. ①木… Ⅲ. ①职业选择-通俗读物 Ⅳ. ①C913.2-49

中国国家版本馆CIP数据核字（2023）第168897号

机械工业出版社（北京市百万庄大街22号　邮政编码100037）
策划编辑：仇俊霞　　　　　责任编辑：仇俊霞
责任校对：潘　蕊　王　延　责任印制：郜　敏
三河市航远印刷有限公司印刷
2024年5月第1版第1次印刷
165mm×235mm・20印张・2插页・171千字
标准书号：ISBN 978-7-111-73824-4
定价：69.80元

电话服务　　　　　　　　网络服务
客服电话：010-88361066　机 工 官 网：www.cmpbook.com
　　　　　010-88379833　机 工 官 博：weibo.com/cmp1952
　　　　　010-68326294　金 书 网：www.golden-book.com
封底无防伪标均为盗版　　机工教育服务网：www.cmpedu.com

前言

转眼间，创办微信公众号"职场木沐说"已经六年多了，这期间我出版了《能力突围》《高效成长》，开设职场课程及一对一私教辅导，结识了大量读者和学员。他们中有些人遭遇职场发展瓶颈，原地踏步，想要改变现状却不知道如何突破，不知道怎么做才能将努力用在正确的方向上；有些人在职场能力方面存在明显的短板和弱项，无法在团队中脱颖而出，获得上司的信任和认可；有些人则对未来的发展缺乏明确的目标，终日焦虑迷茫，没有方向感……

面对他们的困扰，我会帮助他们对自己的认知和言行抽丝剥茧，认真反思，仔细分析为什么会导致今天的状况，是什么阻碍了他们的向前发展以及向上进阶之路？

答案毫无意外地指向了同一个重要问题：**缺乏职场底层能力，不具备核心竞争力，当然也没有不可替代的职场价值。**

如果不掌握底层能力，工作中就容易出现缺口，感觉力不从心，这个是没有好的发展机会的问题，而是即使有机会，也没有能力抓住。

你可以思考一下，你现在的岗位少了你，能否丝毫不受影响，顺利运行下去？或者是从外部招聘一个员工，其薪水跟你差不多甚至更低，他的工作绩效跟你现在的水平相比如何？

如果你发现所在的岗位少了你并没有受到太大影响，或者外来员工的工作水准和成果比你还要好，这就说明你的职场能力和核心竞争力很低，具有很强的可替代性。这种情形下，你又怎么可能得到上司的青睐，获得职场进阶呢？

其实每个人都有巨大的潜能，犹如一座待开发的金矿，蕴藏着无穷的能量。 在职场上也是如此，大家的履历和学历虽然有差距，但并没有大到足以影响一个人的前途和命运。

我有不少学员，他们虽然只是本科学历，但却在我的一对一辅导下，工作能力和领导力得到迅速提升：有的人三个月内通过跳槽获得翻倍的薪资；有的人的管理幅度由原来管理几个人的小团队，变为管理几十人的大团队；有的人在产假过后重返职场，不仅没有坐"冷板凳"，反而得到集团领导重用，被赋予更大的责任……

他们激动地跟我说，这样的改变在以前是想都不敢想的，但是却通过学习掌握了职场上的底层能力，将自己的潜能淋漓尽致地发挥了出来，将不可能变成了可能。

其实，平凡如大多数人，并非注定无法获得职场和事业上的成功，只要提升了思维和认知，在对的方向上发挥足够的潜能，不断强化和提升自己的核心竞争力，就能牢牢地掌控自己人生的主动权。

我将多年来辅导学员的内容汇聚于本书，详细介绍如何打造七种底层能力，带领你一起实现职场破局，成为具备核心竞争力的职场精英。

第一，积极主动：注入你的成长基因

提前为自己做职业规划，凡事掌握主动权并养成积极主动的习惯，即使遇到困难和障碍，也不逃避推诿，而要想尽办法努力解决，并在争取机会的过程中锻炼能力,积累经验。

第二,持续学习:迭代自己,超越同事

培养持续学习的能力,保持对这个世界的好奇心,并能快速将自己的所见所学运用到实践中去,不断迭代自我,超越同事,在信息大潮中立于不败之地。

第三,目标计划:指明方向,凝聚焦点

运用合适的工具设计出与目标相匹配的计划,让目标落实到每一个具体的行动中,减少不可预见的阻碍和危机产生的可能性,推动工作或事情往前发展。

第四,高效行动:提高效率,言出必行

人生最重要的不是你能想到什么,而是你最后做到了什么。行动力才是一个人是否能逆袭和实现突破的关键所在。同时,你越是能持续专注在一件事情上,就越可能取得卓越的工作成果。

第五,问题解决:成为问题解决高手

解决问题是人生的常态,遇到问题本身就是一种机遇。在这个机遇下,不仅能提升人们解决问题的能力,更能让人持续获得思维和行动上的迭代和成长。

第六,高情商沟通:营造良好人际圈

管理好情绪,懂得有效减压;掌握有效倾听、高情商提问、说服他人和委婉处理棘手问题的技巧和方法,才能达到良好沟通的目的,处理好复杂的职场人际关系。

第七,扩大影响力:提升贡献度和价值感

提高在公司和团队中的曝光率,积累影响力,才能让自己的贡献和价值被看到、被认可,从而获得更好的发展机会。

本书就是按照以上七种底层能力的顺序一章一章展开，不管是对于初入职场的新人，还是对于工作多年的老员工，都具有非常务实的可操作性；让你不仅明白自己职场发展不顺的原因和问题所在，更能按图索骥，弥补短板和弱项，学习并掌握提升能力和让竞争力落地的方法，不再浑浑噩噩，茫然无措，找不到自我突破的发力点。

职场破局，破的是能力不足的局，破的是无法提高的局，破的更是如何从职场菜鸟成长为职场优秀人士的局。

破局，请从这本书开始。

木沐

2024年3月

北京

目 录

前 言

第一章
积极主动：注入你的成长基因

提前做规划，掌握发展主动权 …………………………………… 002

7 种方法，养成积极主动好习惯 ………………………………… 020

聚焦"专注圈"，成为高效能人士 ………………………………… 032

第二章
持续学习：迭代自己，超越同事

快速学习，短期内迅速学习新技能 ……………………………… 044

3 个方法，让学习效率倍增 ……………………………………… 055

职场中这样学习，比同事跑得快 ………………………………… 069

第三章

目标计划：指明方向，凝聚焦点

设定目标两大方法，方向明确更有动力 ················· 082

制订计划的 5 大工具，让目标清晰可达 ················· 093

实施目标和计划时，这么做轻松避免半途而废 ············ 106

第四章

高效行动：提高效率，言出必行

两条锦囊，让你的精力源源不断 ······················· 120

有效管理专注力，让工作产出倍增 ····················· 132

提高行动力的 10 条黄金法则 ························· 143

告别拖延症，掌握行动主动权 ························· 155

第五章

问题解决：成为问题解决高手

6 个步骤，高效解决问题 ···························· 168

结构化思维，让思路和方案清晰高效 ··················· 180

"聪明地"工作，提升职场竞争力 ····················· 195

第六章
高情商沟通：营造良好人际圈

压力管理，远离情绪失控 …………………………………… 208

有效倾听，与人交往畅通无阻 ……………………………… 223

高情商提问，轻松得到满意答案 …………………………… 235

如何进行和谐而愉快的沟通 ………………………………… 247

如何用委婉方法处理棘手问题 ……………………………… 260

第七章
扩大影响力：提升贡献度和价值感

提升职场曝光率，在团队中脱颖而出 ……………………… 272

向上管理这样做，迅速获取领导信任 ……………………… 285

掌握 10 个技巧，充分展示领导潜力 ………………………… 298

第一章

积极主动：
注入你的成长基因

提前做规划，
掌握发展主动权

在参加我的课程，找我做咨询或者私教的学员中，有很多人拥有优异的学历背景，丰富的专业经验，清晰的逻辑思维，但他们却对自己的未来发展充满了迷茫和苦恼，感觉自己空有一身功夫，却无处施展。

问题到底出在哪里，是运气不好？努力程度不够？还是职场竞争太激烈？

也许以上因素都有一些，但并非关键。**问题的关键在于他们缺乏或者没有提前做好一份落地的职业规划。**

殊不知，只有制定好一份明确的职业规划，你才清楚自己的职业目标，知道自己的发展方向和路径在哪里，需要学习哪些业务知识，掌握哪些职场技能，积累哪些工作经验。

当你的职场竞争力不断强大以后，市场价值才会不断增值，更多、更好的工作机会才会主动找上门来。

所以，不管是留在现有的组织、部门和岗位上，还是想要从外部寻找新机会，其实都不是拍拍脑袋或者意气用事所做的决定，而应该符合你制定的职业规划和目标，是与其匹配，为其服务的。

就算你没有跳槽的打算，也绝不是因为想混日子或者害怕风险而不敢换工作，而是因为根据自己的职业发展规划，你还需要提升某方面的技能，积累相应的工作经验，或者拓展合作伙伴人脉关系等，所以才主动选择留在现有的组织中。

只有提前制定职业规划，明晰未来发展的大方向，你才能聚焦在能帮助自己实现职业目标的事情上，心无旁骛，循序渐进，不受外界干扰，实现一个又一个阶段性职业目标，将人生和事业发展的主动权牢牢掌握在自己的手里。

一份落地、可执行的职业规划，需要遵循这样 4 个步骤：第 1 步：自我认知；第 2 步：分析行业；第 3 步：评估差距；第 4 步：设计方案。

这一节，将针对这 4 个步骤做详细分析，要点如下：

- 对自我有清晰的认知；
- 分析行业和岗位需求；
- 评估自己的能力差距；
- 设计跳槽路径和执行方案。

一、对自我有清晰的认知

做职业规划的第一步，你要对自我进行评估和认识，比如自己的优势和劣势是什么，自己有哪些性格特征，目前掌握哪些核心技能，有什么良好的习惯或者不良爱好，它们对工作本身的影响如何，等等。

如何才能做到客观地评价自己呢？这里分享三个方法：

- **自我梳理和盘点；**
- **寻求他人评价；**
- **借助外部测评工具。**

（一）自我梳理和盘点

从如下 4 个方面去评价自己：

1. 对自己过去和现在的总体评价

从过去一段时间到现在，你对自己状态的总体评价如何？是什么导致你目前的状态？列举出成功和失败的因素，主要针对个体内部的性格或能力来评价，而不是外部环境。

2. 工作和学习中展现出的特点

你的事业心如何？是否喜欢现在的工作？业绩或成就如何？有哪些突出的能力，有哪些明显的短板？你是否热爱学习，对哪方面的知识或领域感兴趣？学习态度和效果如何？

3. 在强项和弱项中认识自己

你有哪些强项，它帮助你取得了哪些成就？你有哪些弱项，它是否阻碍了你的发展？

4. 在品格意志方面认识自己

反思自己的心理是否健康，品质如何？意志、毅力、心胸、情绪的基本情况如何，等等。

通过自我反思、洞察和评价，找到自己身上的优势，这是客观认识自我的第一步。

（二）寻求他人评价

偏听则暗，兼听者明。通过朋友、家人或者前同事的评价中了解自己在他们眼中，在为人处事方面有哪些优点，又有哪些不足和缺陷。

把这些评价整理和总结一下，并比照你的自我评价，看看哪些方面重合度比较高，那么这些就是你的真实情况。

对于那些重合度不高的点，可以当作参考和警示，好的方面持续发扬，不足的方面抱着"有则改之，无则加勉"的态度对待就可以了。

（三）借助外部测评工具

目前市面上有不少测试人的性格、优势和职业目标方面的测评工具，这些工具的数据库是基于一定的样本和大数据的统计结果而生成的。比如MBTI性格类型测评、九型人格测试、霍兰德职业兴趣测试等，你都可以拿来进行测试。

虽然工具无法帮你做决定，但你可以把测试结果当作参考，结合自己的具体情况去分析，从而在运用上面两个方法的基础上，更加了解自身的优势。这样，在做职业规划的时候，就可以尽量选择能充分发挥优势，避免劣势的岗位类型。

二、分析行业和岗位需求

如果按照你的职业规划，仍然是继续在目前所在的组织内部发展，并不需要在外部选择新机会，那么你要为自己找到内部进阶的发展目标，比如应该换部门，换岗位，还是在现有的这个岗位向上不断升迁。

当然，如果你的职业规划制定好之后，发现你并不应该在现在的组织内干一辈子，而应该在外部寻找匹配职业目标的新机会，那么你就要去规划下一步该如何推进，也就是如何才能按照职业规划目标寻找到适合的新工作。

当你不知道从何入手，没有清晰的思路和方法时，就要按照职业规划的下面三个步骤进行：分析行业和岗位需求，评估自己的能力差距，以及设计跳槽路径和执行方案。

我们先来说一说第一步：分析行业和岗位需求。

开始做职业规划，面对人才市场琳琅满目的行业、部门和岗位，你可能一脸发懵，没有头绪，到底哪些适合自己？哪些令自己心驰神往？哪些符合自己的发展方向？在这些不同的心仪岗位面前，该如何选择？

想要回答这些问题，就要对人才市场有全盘认识和梳理，然后才能做出客观和理性的选择。尤其当你想要跳槽或转行的时候，就更需要做足这份功课。

以下的分析主要针对企业而言，不包括体制内事业单位。

首先，行业分类。

关于行业分类，你可以参照下面这张图中我整理的类别，大致分为

金融	制造业
• 基金 / 风投 • 互联网金融 • 保险 / 银行 / 证券	• 电气机械 • 医疗设备 • 汽车制造 • 化工航天

互联网IT	专业服务
• 电子商务 • 人工智能 • 新媒体 • 计算机软件 • 计算机硬件 • 通信 / 网络设备 • 云计算 / 大数据 • 游戏 • 电子 / 半导体 / 集成电路	• 财务 / 审计 • 法律服务 • 人力资源服务 • 广告/传媒 • 咨询服务
	其他 • 房地产 / 建筑业 • 文化 / 体育 / 娱乐 • 教育培训 / 科研 • 能源 / 环保 / 矿产 • 公关管理 / 社会保障

行业分类图

五大行业，每个大行业下面又会有细分的子行业，比如金融行业包括基金／风投、互联网金融、保险／银行／证券等。

当然你也可以去招聘网站的行业划分中去查看和仔细研究他们是如何分类的，下方这张截图就来自于智联招聘网首页，左边就是一个大的行业分类。

智联招聘网行业分类图

比如，你想查看"互联网 IT"行业下面有哪些细分领域，点进去以后，就能看到右侧这个很长的列表，包括 Java 开发、UI 设计师等很多细项。如果你对此感兴趣，可以到自己经常使用的招聘网站上去查询和搜索，就会一目了然。

不同行业处于不同发展阶段，有的行业需求旺盛，而有的行业需求正在衰竭，且在走下坡路，所以你要对自己的行业和未来想进入的行业做一些市场调研和更为透彻的了解，确保自己选对行业，不踩坑。

其次，岗位分类。

关于人才市场上的岗位分类，看上去似乎数量很多，但其实并不繁杂。因为每个岗位都有具体要求，比如学历、专业、背景、资质和经验等。

如果先将其中一些自己完全不可能去从事的岗位排除掉，然后再将短时间内无法学会和掌握专业技能的岗位划掉，你会发现大部分人能从中选出三到五个有机会、有资格从事的岗位，或者在一定时间内有潜力去做的工作。

下图是我整理的岗位类别。跟行业分类一样，你也可以去大型招聘网站上详细查询他们是如何对岗位进行分类的。

岗位类别

技术研发生产类
基础研发/应用型研发/生产，材料/制造/互联网运营/ UI等

支持后勤类
市场/公关/政府事务/战略/投资/HR/BD/财务/行政/物流/IT/法务/客服等

销售类
售前/销售/售后/大客户销售/客户关系/技术销售/销售支持/销售运营等

岗位类别图

根据我自己的总结分类，市面上的岗位分为：**技术研发生产类岗位、支持后勤类岗位以及销售类岗位。**

第一大类：技术研发生产类岗位。

该类岗位具备一定的专业属性，有一定的技术门槛，所以并不是说你想转行就能立刻转成功的。

比如医药行业的药品研发、制造和供应链，跟汽车行业的设计研发、材料、制造和供应链就很不相同；它跟互联网的算法、大数据、UI开发工程师这些岗位同样也存在较大差异。

如果你一定要跨行业跳槽，就需要结合自己的过往背景，以及进入新行业需要学习哪些专业知识和经验，大概要花多少时间等，来综合评估可行性，这样才比较现实。经过评估后，就能客观地筛掉你并不具备资格的岗位。

第二大类：支持后勤类岗位。

该类岗位属于通用型岗位，所谓通用，就是说绝大多数行业都会设置的那些岗位。虽然这些行业不尽相同，会存在各自独特的属性和特点，但并不影响通用岗位彼此之间存在的共同性，以及通用能力的可迁移性。

一般来说，在企业价值链里的辅价值链上的岗位，比如HR、财务、市场、战略投资、业务发展等都属于这一类岗位。

第三大类：销售类岗位。

这里说的销售，是就"泛销售"而言，它除了销售代表，还包括销售周边的支持性岗位，比如售前支持、售后支持、大客户管理、客户关系管理、技术支持（销售方向）、销售支持等。

具体到不同公司而言，这些岗位的职责范围可能会略有不同。比如同为销售支持岗位，有的公司要求其承担内部销售人员的培训多一些，而有的公司则要求其负责销售数据统计报表，或者订单处理等业务更多一些。

需要说明的是，以上三大类岗位是针对实体型企业而言，市面上还有服务于这些实体型企业的第三方服务机构，比如咨询公司、顾问公司、广告公司、公关公司、设计公司、律师事务所、会计师事务所，等等。

所以，在进行目标岗位选择的时候，除了实体型公司，与其对应的第三方服务机构也是可以考虑的对象。加上这一部分岗位作为备选，你的目标公司和岗位清单里的数量就可以翻一倍。比如你是学习法律专业的，那么既可以选择去实体型公司的法务部，也可以选择去第三方的律师事务所。

如果想进一步详细了解上述这些岗位的具体工作范围和职责，你可以上网搜索相关信息，也可以向业内朋友咨询，这会让你对该岗位有更加深入和直观的印象和理解。

经过以上对行业和岗位的梳理、筛选和选择，你的目标岗位清单就变得比较清晰和丰富了。

除此以外，你还要去了解不同行业和岗位的薪资情况，同一个岗位类型，行业和职级不同，薪资自然也是不同的。比如同为财务经理岗位，传统制造业、互联网和金融这三个行业的薪资就存在不小的差距；同在互联网行业，财务专员、财务经理和财务总监从低到高三个职位的薪资，差距也比较大。

想了解这方面的信息，你可以在网上查询，跟猎头顾问交流，或询问行业内人士。只有做到心里有数，你才能进一步确定未来要去什么行业发展，想要从事什么类型的岗位，以及未来想要以及有可能进阶的职位层级。

很多人无法制定自己的职业规划，很大一部分原因是自己对行业发展和岗位要求都不够了解。如果不知道人才市场的需求、要求是什么，自然也就无法制定适合自己的职业发展目标。

三、评估自己的能力差距

当你分析完目前所在行业或者感兴趣的行业发展情况后，就会更清楚到底应该在本行业继续深耕，还是要转行到更有潜力的其他行业，或者你也可以选出 2~3 个目标行业作为备选。

接着你要把该行业排名前 20~30 名的公司名字列出来。因为越是排名靠前的公司，公司的规模越大，管理越规范，福利待遇越有竞争力，个人发展空间也越大，是值得争取加入的目标对象，你就可以将其锁定为目标公司。

比如，经过分析后，你先把自己的目标岗位锁定为财务经理，并选择了快速消费品和汽车行业作为目标行业，然后锁定了两个行业各自排名前 10 名的公司作为目标公司。

那么，如何才能判断出自己目前的资历和能力水平，是否有机会成功跳槽到目标公司和目标岗位呢？如何评估自己的能力差距？这就是职业规划的第三个步骤。

（一）岗位任职要求拆解

在一份岗位招聘要求清单上，通常你会看到有两部分内容：一部分是岗位职责描述，就是你从事这个岗位具体的工作内容和范围；另一部分是对该岗位的任职要求，一般包括如下六项：

1. 硬技能

主要是硬性门槛，包括专业知识、技能、资格证书，比如编程能力、CPA 证书、Java 语言水平、外语水平，等等。

2. 软技能

包括沟通能力、团队协作、逻辑思维、创新思维、分析研究、项目管理，等等。

3. 管理技能

适用于管理岗位，要求曾经管理团队的总人数，从事管理工作的年限，等等。

4. 行业经验

包括本行业的从业年限、行业经验等。候选人如果具备本行业经验，成功概率会高一些。

5. 资源积累

资源包括客户、渠道商、供应商等，拥有这些资源是候选人的加分项。

6. 硬性要求

比如性别、学历、身高等无法改变的要求。

在具体的岗位要求中，也不一定把这 6 项全都包含其中，要求的罗列顺序可能不同，也有可能换成另一种说法，但总体上来看，实质含义和内容不会超出以上范畴。

面试官会在这 6 个维度上去考察候选人的履历是否跟招聘岗位相匹配。匹配度越高，候选人拿到 Offer 的成功率就越大。

举个例子，以下是在网上查询到的腾讯招聘的两个产品经理职位，请重点阅读任职要求的部分，然后根据上面的 6 项要求拆解这两个岗位的任职要求。

CSIG16-地图搜索产品经理

腾讯

面议

北京

本科及以上 | 3-5年 | 普通话 | 年龄不限

职位描述：

工作职责：

负责地图搜索策略产品（排序、推荐和召回等）的实现和优化工作。熟悉搜索策略，熟悉地图数据结构，有丰富的推荐/排序策略和质量评估经验。

善于数据分析，通过海量数据以及用户行为session主动发现用户核心诉求，并快速找到实现的最佳路径；

完善策略效果评估体系，通过数据分析，提升用户整体转化。

任职要求：

3年或以上移动互联网产品经理工作经验，有搜索、个性化、地图方向的工作经验优先考虑；

有较强的逻辑思维能力，能够独立思考、理解和抽象业务本质，深入理解业务；

执行力强，善于沟通，团队协作能力较佳。具备高度的工作责任心、抗压力，有较强的探索精神；

本科以上学历，计算机、统计相关专业优先考虑。

地图搜索产品经理任职要求

CSIG08-高级产品经理

腾讯

面议

广州

本科及以上 | 3-5年 | 普通话 | 年龄不限

职位描述：

工作职责：

1、负责手机工具产品及相关创新服务的产品策划，关注行业和竞品变化趋势，发掘风险点及机会点；

2、基于业务理解拆解问题并提炼核心逻辑，输出业务分析及产品规划报告；

3、与项目组密切沟通合作，推进核心策略及方案落地，达成阶段目标；

4、开展数据分析和用户调研，根据数据和反馈及时修正业务方向和产品体验。

任职要求：

1、2年以上互联网产品工作经验，对互联网业务有一定了解；

2、行业视野广，有咨询报告\行业调研\市场分析等工作经历的优先；

3、良好的逻辑思维、业务解读能力，能独立完成业务分析及报告撰写；

4、具有优秀的沟通能力和抗压能力，主观能动性强；

5、有一定创新能力，思维活跃，对业务富有激情和洞察力。

高级产品经理任职要求

对于"地图搜索产品经理"来说，任职要求中显示"有地图、搜索方面的行业经验优先"，专业要求是"计算机、统计相关专业优先考虑"；而对于高级产品经理来说，虽然没有这些特殊的要求，但却强调有咨询服务、市场调研方面经验的求职者优先。

另外，在硬性要求里关于学历这一点，经常有读者有这样的烦恼，他们说自己学历不够，比如对方要求学历是研究生，自己是本科；或者对方要求是本科，自己是大专，在这种情况下，是不是自己一点机会都没有了？

这个问题的答案不能一概而论。在任职要求的几项中，如果你只是学历不大够，但在硬技能、软技能、行业经验这几方面的整体综合实力都很强，那么就可以弥补学历不够这个弱势。为什么呢？

面试官当然想找一个与任职要求各个维度都100%匹配的候选人。但从现实的角度来看，他们也知道想做到这一点很难，所以在筛选简历的时候，即使某位候选人的学历不够，但在其他各方面的能力与招聘要求都非常匹配甚至突出，就会降低对其学历的要求。

所以，**想要成功通过简历和面试关的核心要素，就是要持续提高自己的能力，具有更强的竞争力，让自己在更多的维度上匹配目标岗位的任职要求。**

（二）评估和拆解能力差距

明确目标岗位并梳理出该岗位需要的六方面任职要求后，你要进一步做拆解和评估，对比自己的过往经验和能力现状，找出自己的匹配度如何？是否与其存在差距？具体差距在什么地方？以及如何弥补这些差距？

硬技能和软技能方面存在的差距，其各自的补足方法并不相同。

硬技能：必须进行有针对性的学习，比如通过付费报班或者咨询请教。当然你也可以进行自学，自己去摸索和研究，这取决于你的学习能力和自律性。

对于有些人来说，自学要花费大量的时间和精力，学习效果却不一定令人满意，甚至因为多走弯路而耽误了学习进度和效果。

软技能：可以通过在现有岗位工作中锻炼、学习和积累。当然如果你想要系统掌握这方面知识的话，最好向有经验的老师学习来拓宽思维和认知水平，然后立即用于工作实践，效果不错。

制订有针对性的差距弥补计划，并且不折不扣地去践行，客观存在的差距才能越来越小，成功的可能性才会变得越来越大，你才能真的将不可能变成可能。

四、设计跳槽路径和执行方案

当你知道了自己目前的状况和目标岗位之间存在的差距，就能判断出能成功拿到 Offer 的概率有多大，并进一步思考和设计出想要抵达这个目标的路径需要几步。这就是职业规划的第四个步骤。

这里你需要掌握两个原则：

原则一：如果差距不大或者匹配度很高，那么你可以通过猎头顾问或者内部推荐的方式，将简历投递到目标公司，这样你获得面试机会的成功率会很大，至于最后是否能拿到这个岗位的 Offer，还取决于你在面试中的综合表现；

原则二：如果差距较大，就算投递简历到目标公司，你获得面试机会的成功率也不高，说明你这个时候的重点不应该是投递简历，而是要先花一些时间学习和积累这方面的知识和经验，从而弥补和缩小差距，当各方面匹配度更高的时候，再按照上面的原则进行。

那么如何进行学习和积累呢？有两个途径：

- **通过内部转岗或晋升**，在实践中让自己在各方面的能力和经验都接近目标岗位；
- **通过外部跳槽**，加入到目标行业中排名没有那么靠前的公司先去锻炼，也许跳一次，也许跳几次，经过这样的历练，让自己的能力差距不断缩小。

总之，你的能力跟目标岗位要求之间的匹配度越高，你获得面试的机会和 Offer 的成功率就越大，跳槽转行可以少走几步；反之，匹配度低，概率小，就要多走几步，中间增加几个过渡和跳板的环节，你可能要多花两到三年才能抵达你的目标公司和岗位，这就是我们说的跳槽路径。

如何具体设计这个路径，要基于匹配度和差距情况，对以上各方面进行综合分析，并且有目的性、有意识地去打磨和制订出落地的跳槽行动计划，并高效执行。

下面给你提供一个简单的工具，用以记录和追踪你的跳槽计划。

因为篇幅所限，本表格只是一个非常简单的框架，你需要根据实际情况进一步补充和完善。工具说明：

- **目标行业：**

列举出你有意向进入的行业以及下属的细分行业，如果分不出子行业的话，就不必填写。请参考本节内容列举的行业分类或者招聘网站的行业分类，当然你也可以跟业内人士进行交流，做必要的调整或补充。

- **目标岗位：**

经过评估和选择，列出自己可能适合的岗位名称，最多五六种。

跳槽计划工具表

目标行业		目标岗位	目标公司	想去程度（1~3分，3分最高）	成功率		岗位职责和能力差距是否梳理完成（Y/N）	简历投递计划				面试安排计划			是否拿到Offer（Y/N）	其他
行业	子行业				匹配程度（1~3分，3分最高）	成功可能性（1~3分，3分最高）		简历是否准备好（Y/N）	投递渠道1及反馈	投递渠道2及反馈	投递渠道3及反馈	是否获得面试机会（Y/N）	是否做好面试准备（Y/N）	面试记录		
消费品业	食品	市场专员	目标公司1：xxx													
			目标公司2：xxx													
		xxx	xxx													
	日化	市场专员	目标公司1：xxx													
			目标公司2：xxx													
		xxx	xxx													
	xxx															
制造业	电气机械	xxx														
	医疗设备	xxx														
建筑业	xxx															

跳槽计划工具表

- **目标公司：**

填入你想要加入的公司名称，以及想要去的强烈程度。

注意：每一行是一个独立的工作机会。比如你的目标岗位是市场专员，你选择的行业有消费品业、制造业和建筑业，那么在每一个细分行业的横向表格里，你都需要填写目标潜在公司名字，有多个的话，就分别填目标公司 1，目标公司 2 等，这样才有可能具体去执行。

想要去的愿望程度分为 1~3 分，3 分为最想去，如实填写就可以。

- **成功率：**

自评跟目标岗位的匹配程度，成功可能性，也就是根据匹配度的高低，对其按照 1~3 分打分，3 分最高。

另外，也要填写你对岗位职责和能力差距的梳理和分析是否完成。

- **简历投递计划：**

在这一部分针对不同的简历投递渠道，你要进一步记录如下内容：

- 投递日期；
- 投递渠道（猎头推荐、招聘网站、官网、人脉内推……）；
- 是否接到面试邀请；
- 简历是否存在问题，是否需要更改……

- **面试安排计划：**

在这一部分的面试记录，按照如下内容记录：

- 时间；
- 方式（面试地点，电话，视频……）；
- 联系人的电话、邮箱、微信；
- 面试反馈……

- **是否拿到 Offer：**
  - 经过前面所有准备，是否拿到了目标岗位的 Offer Letter；
  - 其他事项。

总之，这张工具表格会让你对自己下一步要发展的方向和目标一目了然，并如实记录自己的跳槽步骤和路径。

另外，在梳理目标岗位的时候，不要拘泥于这个岗位的名字本身，而要看其描述的具体工作内容和范畴，是否适合自己。

还有，在选择目标公司的时候，如果你选择的都是想去的意愿很高但成功概率很低的公司，这就都变成了挑战性目标，有些不切实际，好高骛远，容易让人产生挫败感。但你也不需要放弃，可以把它们当作未来努力的标杆和目标去追求。但从近期来看可能性很低，建议还是要选择一个保底的目标岗位，也就是成功率相对高一些的机会。

职业规划是动态调整且需要定期迭代的，当你在一个阶段内到达了一个理想的岗位，实现了本阶段的目标，就可以接着做下一个阶段的职业规划，重新按照上述 4 个步骤来进行。

这样一来，你的职业发展就形成了一个良性的循环，自己的动力越来越强，牢牢地把握住了人生和职业发展的主动权。

7 种方法，
养成积极主动好习惯

有一句话说："好习惯是开启成功的钥匙，坏习惯则是一扇向失败敞开的门。"对此我深以为然。

一个人成熟的标志之一，就是不再感情用事，而是学会了用良好的习惯代替一时的冲动。试想当一个人的自由意志屈服于多年养成的不良习惯，比如懒散、拖拉、逃避、推诿、消极等，那么他离成功怎么会越来越近？如果我们必须受习惯支配的话，那为什么不接受好习惯的支配，而戒除掉那些坏习惯呢？

我在职场上是从小白一路打拼到高级管理岗位的，担任管理职位后带过不少部门和下属，不管是从我自己的升迁之路来看，还是**作为提拔下属的选择标准来看，有一个非常重要的关键要素，那就是：积极主动。**

积极主动不是一时的头脑发热，而是来自于经年累月养成的良好习惯。积极主动，代表着一个人行事的态度，凡事要对自己的人生负责，不仰仗于外部，不依赖于他人，而是拼尽全力，积极主动创造和争取各种机会，最大化自己的权益，实现自己的人生目标。

仔细观察周围的人，你会发现那些人生和事业不如意的人，大多因为各种因素表现得消极被动，怨天尤人；也有些人自以为很积极主动，但其实做得还远远不够，结果离自己的目标仍然越来越远。

这一节我们将介绍如何能做到积极主动，并分享一个非常有用的自我觉察工具。

- 7种养成积极主动习惯的方法；
- 进行积极主动自我觉察的工具。

一、7种养成积极主动习惯的方法

"积极主动"这个好习惯，对人生和事业发展影响重大，那么该如何养成呢？这里跟你分享如下7种方法。

（一）摈弃被动的习惯

有些人面对稍微难做一点的工作，要么消极等待，要么还没尝试就到处求人，很少主动解决；有些人面对公司中适合的岗位，其实内心非常想去，但却始终没有勇气去争取；当所在行业或者公司已经处于下行通道，自己却从不未雨绸缪，不考虑主动突围的可能性……

以上这些现象都反映了一个人习惯了被动等待，将问题的解决交给他人，交给外部环境，交给命运，却从不思考如何由自己的行动来做主动改变。长此以往，只能是越来越习惯被动，缺乏解决问题的能力，当然也会被排除在升职加薪等好机会之外。

因为总是被动等待，错失机会，他们也会不甘心，但不是用行动去争取和扭转局面，反而是变得充满臆想和阴谋论，牢骚满腹，不停抱怨他人和命运的不公，如此恶性循环是走不出困境的。

所以摈弃被动的习惯势在必行，一开始你不必强迫自己立刻改变，可以

从小事开始做起，比如参加部门会议，领导询问大家的意见时，你有了想法就可以主动举手发言；主动向上司汇报你的工作思路和项目进展；以后再面对新问题、新任务时，先自己认真琢磨，向多方请教，然后想出解决方法，及时向上级请示和汇报。

（二）主动再做一次

如果凡事你都能主动再表达或者再做一次，很多时候就可以破解困境，找到答案或解决问题。

我曾有过这样一个经历，新来的副总裁安排我写一份业务模式分析报告，经过沟通后，我认真完成并在第二天提交了上去，副总裁看后没有说行，也没有说不行，只是说他自己需要再看一看。

但我却马上意识到，副总裁对这份报告其实并不满意，只是碍于面子没有明确说出来而已。于是我根据业务的不同场景又准备了三份不同风格的报告，再次发给副总裁审阅。

副总裁收到后马上把我叫到办公室，让我把三份报告仔细讲述一遍，然后选择了其中一份给出修改建议并采纳，他对我在这件事上表现出的积极主动颇为赞赏。

你看，我因为没有被动等待领导的下一步指示，而是主动再做了一次，并给出领导更多的选择，这样就增加了报告通过的成功率，不仅帮助领导解决了问题，也在刚刚履新的上司面前展示了自己的态度和实力。

所以，我建议你在遇到问题，尤其是在处理领导交办的任务的时候，不要嫌麻烦，怕多做事，很多时候如果你能多主动付出，多主动做一次，工作的局面就会顺利打开。

（三）先改变个人行为

当你遇到挫折的时候，可以尝试先改变个人行为，让自己变得更有能力、更加强大后，再去施加影响，改变周围的人或者环境，而不是一直去强调"错不在我"。

比如，你在负责一个跨部门项目的时候，需要其他部门的成员配合，但其他人却因为这个项目并非自己的优先级，所以就推诿或者拖延，影响项目进度。当这种情况发生时，消极被动的人和积极主动的人会呈现完全不同的两种做法。

前者会感到束手无策，因为项目进度延迟不是自己的问题，而是其他人不配合，因此他也变得无心推动，被动等待，直到领导问起来的时候，才把责任都推在其他部门的人身上。

但是站在领导的角度来看，他只看结果，不管出于什么原因，项目都在严重推迟，你作为牵头人负有不可推卸的责任，即便你觉得自己再委屈和无辜，也无法改变领导形成的负面印象。

但后者的处理方式却完全不同，他会先反省自身是否存在跟项目成员沟通不顺的问题，是否有没有说清楚的地方，并主动找相关同事询问和沟通，了解他们的难处，打消他们的顾虑，同时提供必要的支持，影响和鼓励他们积极参与项目，提高他们的担当意识。

当大家的积极性被调动起来后，就更愿意彼此配合，最终顺利完成项目。

所以，**积极主动，先改变自己的行为，才会改变事情发展的方向和结果**。

（四）不要说"我办不到"

遇到稍微"超纲"或者复杂的问题，你习惯说"我办不到"，还是

"我试试"？如果是前者，这就是典型的被动思维。

我在带团队的时候，会遇到各种各样的下属，有些人就会时不时跟我说"我办不到"，这不仅让我感到失望，更会对该名下属的能力产生怀疑。

客观来讲，领导安排工作的时候，通常也不会太离谱或者脱离现实，他们给下属提要求会考虑到下属的能力水平，任务的实现可能性。

作为下属，如果确实此前没做过该工作或感觉到实现起来不容易，也不要立刻说"我办不到"，我的建议如下：

- 如果以往没做过这项工作，你可以跟领导说："我试试，有问题我再来跟您汇报。"你要跟领导进行充分沟通，了解他的需求和期望，然后做大量调研工作，制订计划，做好后立即给领导过目，看看跟领导的要求差距大不大，再根据领导的意见进一步调整；
- 如果根据简单评估，难度比较大，你可以说："根据我的评估，可能不大容易做，但我可以先试试。"然后你要把这个工作的难度、挑战、风险和需要的资源等详细列出来，给领导作为参考，让他做进一步的判断。

总之，不管哪种情况，都不要直接拒绝，应当展示出积极尝试的态度，否则只会显示你多么不配合、不积极，能力有多么糟糕。

（五）使用积极语言进行暗示

平时要多使用正面而积极的语言，想做到这一点，就要下意识地训练自己，比如这样说："我选择""我试试""我可以"，这些都远远好过"如果……就好了""我不得不……"等表述方式。

一个人习惯于消极被动，不管是出于不自信还是懒散的原因，都可以通过给自己正面的心理暗示来改变这种习惯。

比如，当你对自己的现状不满意，羡慕别人的高薪工作时，不自觉地会这样想："如果我是他就好了""如果我有这样的机会就好了"……这种想法其实就是在间接地把责任归咎于外部或者命运，反正跟自己没关系。

但如果你改用这样的句式，比如，"如果他可以，那我也可以，我可以试着去……"或者"我不想从事现在的工作，所以我打算开始在外面寻找好机会，今天开始更新和打磨自己的简历。"这样的语言，会督促你赶紧展开行动，而不是停留在想的阶段而已。

（六）不要让事情找上你，应主动对事情施加影响

人生其实有很多机会，有些机会可能会主动找上你，但大多数机会要靠自己去争取。

曾经有个学员跟我说："木沐老师，我快毕业了，申请了两份工作，其中有一份我非常想去，也很喜欢，但竞争却非常激烈，很多同学也都在申请和争取。没有办法，我现在只能被动等待这家公司是否录用我，如果拿不到 Offer，到时只好去另一家公司。"

我听后分外诧异，就问他："既然你这么喜欢其中一份工作，为什么不想办法跟面试官进一步联系，多争取一下？你这么被动等待下去也不一定有什么结果。关键是你的同学可能都在积极主动争取呢。"

学员听后恍然大悟，立刻明白自己现在应该做什么，后悔自己差点错失良机。

当你主动对事情施加影响时，虽然不能保证 100% 成功，但至少提高了成功的概率，但如果一味被动等待，这就是弃权，不作决定也是一种决定。

（七）积极争取，创造机会

机会是给有准备的人，这句话一点没错。但是仔细一想，却觉得哪里不对，如果机会只有一个，而大家都做好准备了，机会到底该给谁呢？

大部分人在学历、智商、经验和知识等方面会存在差异，虽然差异可能并没有你想象的那么大，但公司的资源却永远是稀缺和紧张的，比如福利待遇分配，晋升加薪机会等。

因此要求公司对机会和资源的分配实行无差别的平均主义，既不现实也很幼稚。同时，如果要求公开和公平的竞争，在理论上没问题，但在实际操作中却会因这样或那样的原因而很难实现。

所以，就不要在这方面抱有幻想，而是认真思考在你自己能够把控的范围内，在和他人条件大致相同，站在同样的起跑线的情况下，如何才能成功把握机会，脱颖而出，获得资源？

要靠"抢"。

这里说的"抢"不是明目张胆、横刀夺爱，而要讲究方法，讲究技巧。它更强调的是不要被动等待，坐以待毙，而是要主动争取，能主动去找决策人沟通反馈自己的想法，动用多方资源来支持和帮助自己，最终影响决策人更倾向于选择自己。

举个例子，我原来的公司针对有潜力的优秀员工推出"导师计划"，在会上有两个同事 A 和 B 同时选择了我做导师，但我只能选择其中一位，于是答应会后思考一下再回复他们。

没想到我刚回办公室，B 就紧跟着过来找到我，真诚表达出自己多想得到我的亲自辅导和引领，我被其深深感染和打动，于是立刻在导师计划书上签了字，也顺理成章成了 B 的导师。

后来我才知道另外一位员工 A 的工作能力比 B 更强一些，也非常想跟随我学习，但却没有找我进一步沟通，一直在被动等待我的最后决定，结果就这样把机会拱手让给了主动来"抢"机会的 B 手中。

对于职场上处于成长期或上升期的人来说，还没有到"韬光养晦"的阶段，这个时候不能过于腼腆和被动，要寻找更多的机会来表达自己的观点，展示自己的能力，让他人能看到和认可自己，在争取机会的过程中锻炼能力、积累经验。

二、进行积极主动自我觉察的工具

凡事都积极主动，是不是会耗费大量时间和精力？这种想法的确有几分道理。

想要掌控做事情的主动权，势必要占据你的时间和精力进行规划和实施，这个时候人就不由自主地开始怕累，嫌麻烦，宁愿去做一些不需要花心思的事来休息、娱乐，懒惰和拖延这些弱点此时就会跳出来，让人在行动上也变得被动或者消极起来。

这个时候，你在潜意识里当然还是希望自己能积极主动，希望拥有正能量和好心态，希望自己不要错过机会，掌握更多资源。但现状却是你的心态此时此刻的确处于负面层级，力有不逮，行动上缺乏动力。

打个比方，积极主动去做一件事需要 100 分的心态，而此时你的心态只有 50 分甚至更低的分数，那又怎么可能尽力继续做好事情呢？大概率是拖延和放弃不做。

但如果你打心眼里认同积极主动这个好习惯，并打算持续去做，只是暂时遭遇心情低谷，那么此时恰当的做法，应该是在现有的程度上找到一个突破口，以这个突破口为起点，慢慢累积、练习并坚持这个习惯。

那么如何做到呢？是不是要经常喊喊口号，给自己打鸡血加以激励呢？

并不需要。我跟你分享一个非常有用的工具来帮助你找到这个突破口。

这个工具就是一张积极主动自我觉察表，它能帮助你有意识地建立和培养这样一种行为模式：

当遇到问题时，你不是想当然的做下意识反应，而是客观冷静下来，通过觉察和思考，根据积极主动的习惯，做出有影响力的选择，让它替代旧的下意识，成为你新的下意识反应。

积极主动自我觉察表		
你自我觉察到什么？	□所说的言语　□产生的情绪 □闪现的念头　□关注到某人或事	
引起自我觉察的具体场景		
所受到的外界刺激		
不加思考的下意识回应		
经过思考，提供如下三种解决方案		
方案一	方案二	方案三
如果外界刺激下一次再发生，我将采取这样的行动		
行动过程中，我承诺要遵守的纪律		
经过以上实践和行动，结果是		

积极主动自我觉察表模板

我来分别解释一下这张表每一个栏目所代表的含义。

1. 你自我觉察到什么？包括：

- 所说的言语：你经常使用的那些"被动"语言；
- 产生的情绪：你通常体现出来的"被动"情绪；
- 闪现的念头：经常出现在头脑中的"被动"念头；
- 关注到某人或事：你经常关注到的某些消极的人或者事情。

2. 引起自我觉察的具体场景：

举出一个具体的事例或发生的场景，让你意识到需要自我觉察。

3. 所受到的外界刺激：

通常出现这种情形时的外界刺激因素是什么。

4. 不加思考的下意识回应：

在没有经过思考，无选择状态下，你通常的回应如何。

5. 经过思考，提供三种解决方案：

经过认真思考、权衡和评估，当应对这种情况时，可能会采取三种以上处理方法或解决方案。

6. 如果外界刺激下一次再发生，我将采取这样的行动：

就是说如果发生了上述外界刺激条件，你会采用如上哪种解决方案。

7. 行动过程中，我承诺要遵守的纪律：

承诺下次行动过程中，如何避免或克服被动语言、情绪、念头和关注点。

8. 经过以上实践和行动，结果是：

最后经过实践后，如实记录自己的实践结果。

下面举一个具体例子加以说明。

每次部门经理给你安排临时工作，打扰你手头的工作计划，你内心都很不服气，无比愤怒，陷入极端负面的情绪中。你不满和生气的态度自然也被经理识别出来。

意识到虽然自己表现出生气这个行为，或多或少会让经理减少这种临时安排，降低这种突发事件对既有工作计划的影响，但这种事却对你的情绪会有很大的影响，对身体健康和工作业绩都没好处。

你决定不再被动接受此类事件，而想通过积极主动的方式扭转现状，因此你填写了如下积极主动自我觉察表。

积极主动自我觉察表	
你自我觉察到什么？	□所说的言语　☒产生的情绪 □闪现的念头　□关注到某人或事
引起自我觉察的具体场景	工作的时候，经理走过来给我临时安排一件工作，说今天要完成。我非常生气，因为这会打乱了我的计划，有事情你为什么不早点说呢？问题是，这种情况发生很多次了，我为此感到很烦心。
所受到的外界刺激	经理经常给我临时增加工作安排。
不加思考的下意识回应	表现得很生气和委屈，抱怨领导不提前安排。
经过思考，提供如下三种解决方案	
方案一 让心情先平复一下，暂停一会儿，思考有没有必要生气，然后平静地跟领导对话。	方案二 跟经理确认临时安排的工作是否紧急。如果不紧急，询问截止时间并重新安排工作计划。 方案三 如果紧急，要求今天完成，就跟经理确认和商讨这件临时任务跟手头在做的工作，哪一项更加优先。
如果外界刺激下一次再发生，我将采取这样的行动	下一次如果经理再次给我安排临时任务，结合上述三个方案，先平复情绪，接着确认任务的紧急程度，然后调整工作计划安排。
行动过程中，我承诺要遵守的纪律	承诺一定要控制好情绪，不发脾气，找到事情的本质，以解决问题为主。
经过以上实践和行动，结果是	目前还没有实践。

积极主动自我觉察表示例

这个"积极主动自我觉察表"的用途，就是在帮助你一旦接受外部刺激，想要做出下意识反应的时候，能立刻用积极主动替代消极被动，让事情得到合理而妥善的解决。一旦熟练使用起来，就可以帮助你形成自然的反应和习惯。

即使你不用这个工具，以后在遇到问题和解决问题的时候，也要带着积极主动的思维习惯，而不是下意识的消极习惯。

综上，消极被动的人永远为自己开脱，把一切不成功的原因归咎于外部，抱怨自己倒霉，对现状无能为力，得过且过；而**积极主动的人总能看到自己努力的方向和目标，即使遇到困难和障碍，他们也会想尽办法加以化解，并善于集聚和激励团队力量，朝着目标勇往直前。**

聚焦"专注圈",成为高效能人士

每次听到"积极主动",你的眼前是不是就呈现出一个人打鸡血一般凡事冲在前面的场面?虽然有时候你很受触动,感觉到一种积极向上的正能量,但也会产生一种压迫感,因为你看到了竞争和对立面,看到了别人可能赢,而你可能输。

这是对"积极主动"的一种误解。积极主动是一种人生态度,对自己认真负责的态度,这样的人不随波逐流,不人云亦云,他们能清晰地勾勒出自己的人生蓝图,并身体力行一步步践行。

当你看到身边有比你还积极主动的人,你可以把他当作榜样,去学习和吸收其身上的优点并为你所用,完全没有必要产生酸葡萄心理。

在上一节,我跟你分享了培养积极主动这个习惯的方法和工具,这一节,我将从思维的层面帮你提升,让积极主动贯穿在你的生活和工作始终,助你成长为高效能人士。

要点如下:

- 什么是"兴趣圈"和"专注圈"?
- 如何聚焦在自己的"专注圈"?

一、什么是"兴趣圈"和"专注圈"？

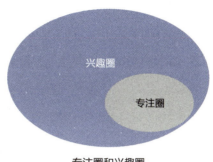

专注圈和兴趣圈

在上面这张图里，我们把外面的这个大圈叫作兴趣圈，是指每个人都有自己感兴趣的话题和内容，比如事业、子女、健康、经济、政治、艺术、美食、世界局势、行为习惯、做事方法、情绪反应，等等。

以上这些都是你平时感兴趣和时常关注的问题，它们包含在"兴趣圈"这个大圈以内，那么兴趣圈的所有这些问题都是一个类型吗？

如果从问题跟你本人的紧密性和可控性上进行划分，你会发现其中有些问题跟你个人密切相关，是你可以改变、掌握和控制的；而有些问题则跟你本人关系不大，甚至距离非常遥远，你对此能力有限甚至完全无能为力。

当我们把其中你个人可以控制的那些内容都圈起来，就形成了在"兴趣圈"这个大圈内部的一个小圈——"专注圈"。专注圈一定在兴趣圈以内，是其中那些可以被自己掌控的事物，包括你的专业领域、个人情绪、事业发展、家庭关系、人生规划，等等。

积极主动的人，一定会把自己的时间和注意力用在专注圈上，投入在自己可以掌控且能有所作为的事情上，并努力使专注圈不断扩展，在影响力逐渐加强的同时，自己也持续获得成长。

而消极被动的人则滥用精力和注意力，关注于"兴趣圈"的一整个大圈，对自己有能力做出改变的事情视而不见，反而更热衷于那些跟自己没什么关系、无力改变，或者超出个人能力范围的事情。

这些人因为在专注圈的事情上投入的精力有限，导致收效甚微，结果没有达到预期，因此又会变得沮丧失望，怨天尤人。即便如此，也不思悔改，为自己的失败寻找各种外部的理由和借口。

长此以往，他们因为总是将精力放在不能控制的事情上，最终使得自己可以影响、能做到的事情范围越来越小，专注圈范围随之不断缩小。

举个例子，一个从事财务工作的职场人士平时兴趣颇为广泛，关注世界局势，喜欢明星八卦，关心股市投资，经常上网浏览头条新闻。在他所感兴趣的这些内容中，除了在股市中有所投资这件事跟自己的财务专业有所关联，其余都是跟他日常生活和未来发展没什么关系的事情，仅仅是上网打发时间而已。

显而易见，他花在兴趣圈上面的时间越多，那么投入在增加自己专业能力和个人成长方面的事情就越少，也就是做的专注圈上的事情越少，对自己现状的改变和提升自然就越没有什么帮助。

任何人的精力和时间都是有限的，如果能将注意力集中在能做到、能改变、能影响的事情上，你的知识面就会被不断拓宽，才能就会不断得到施展和提升，做出事情的质量和成绩也越来越好，这样他人对你的好感度和信任感也会增加，你的影响力和专注圈的范围也就在持续扩大。

而同时如果你还能积极主动去影响跟你交往的人，同样也会从侧面帮助你进一步扩大自己的专注圈。

有一种极端的情况是，有些人的专注圈很可能跟他的兴趣圈一样大，二者基本重合，这代表他可以最大限度地发挥自己的影响力，影响非常多的人和事，他的话语权和选择权将达到空前的强大。

二、如何聚焦在自己的"专注圈"？

那么，你对自己的状态是否有了一个大致的判断，是具备积极主动的态度，还是消极被动的态度？其实从一个人平时关注的事物的范围，也就是其兴趣圈和专注圈的大小，以及自己施加影响力的大小，就能判断一个人的态度是否积极。

专心做自己力所能及的事，把全部精力聚焦和投放到专注圈内，你的专注圈才能不断扩大。你不需要一开始做多么宏伟盛大的事情，从各种小事做起就可以，只要你承诺过的，必然是能做到的事情，全力以赴完成并予以兑现即可。

（一）从言语中判断一个人的兴趣圈和专注圈

一般来说，当一个人描述事物的语句经常带有假设性质时，那么他多半是在讲述兴趣圈的事情。比如下面这些话，你可能很熟悉：

- "如果我老公赚钱多一点……"
- "如果我有硕士学历……"
- "如果我的上司不这么武断……"
- "如果我能有更多属于自己的空余时间……"
- "要是我的房贷付清了，我就别无他想了。"

而如果一个人聚焦在自己的专注圈，他使用的语句一般会强调自身的能力和修为程度，自己可以努力的方向，能改善或调整的空间等，这一点和只关注兴趣圈的人是截然不同的。比如这样的说法：

- "我可以更细心一些……"
- "我可以考虑得再全面一些……"
- "我下次练习次数更多一些……"

（二）积极主动的人，如何处理专注圈中的三类人生问题？

在专注圈中，根据自主程度的高低，可以将人生的问题分为三大类：

1. 能直接解决的问题

这一类问题都跟一个人自己的行为相关。你只要主动改变自己的想法、习惯或者行为，问题就会迎刃而解。

2. 能间接解决的问题

这一类问题跟自己无关，主要跟他人的行为有关。此时直接改变他人的行为很难，但你可以运用和发挥影响力加以解决，比如对他人动之以情，晓之以理，或是采用委婉表达的方式。

当然你也可以根据具体情况使用唇枪舌剑、引发冲突等方法。但要提醒的是，最好少使用压制对方、胁迫对方的方法，多用影响力、高情商说服沟通的方法，这样对于持续扩大影响力将非常有帮助。

3. 无能为力的问题

这一类问题通常已成过去，或者是鉴于客观环境使然无力解决。纵使你心中有再多愤懑和不满，也请尽量做到泰然处之，保持真诚、平和的良好态度，自然接纳这些问题，这样才不至于被问题奴役和制服，陷入抱怨的泥潭不能自拔。

以上三类人生问题，不管遇到了哪一类，解决问题最首要的一步就是改变你的思维和行为习惯，积极主动在专注圈内施加影响力，改变能改变的事情，自信应对。

有人误以为"积极主动"就是任何事情都要出风头、无视他人的反应而强势行动，其实并非如此。积极主动的人更为务实，他们能迅速找到问题的症结所在，并利用一切资源去破解难题。

我在某知名企业工作的时候，经常被任命牵头负责一些公司级战略项目，跟不同部门展开协作。有一次，在一个项目中，某个业务部门不太配合，该部门负责人屈总比我的级别还要高，遇到这种情况，有些人会觉得因为级别差异，显然使唤不动对方，项目就没办法如期推进，只好迁就对方。但我却并不这么想，不能因为一个部门的原因而影响整个项目的进程。

于是，我把遇到的这件棘手事件进行了如下拆解：

- 能直接解决的问题：跟我的上级讨论下一步的应对办法；
- 能间接解决的问题：利用管理会的形式对该业务部门施加影响力；
- 无能为力的问题：不能直接命令或要求屈总。

这样就非常清晰地梳理出下一步我应该把焦点放在哪里。通过跟我的直接上司（他跟屈总同级别）深入沟通，我们决定在下一次管理会上利用 PPT 呈现的方式，将屈总所负责部门和其他部门的完成数据进行对比，一并展示在包括总经理在内的各位高管面前。

但我在汇报的时候，并不直接点明哪个部门做得好，哪个部门做得不好，这样避免有针对性批评的嫌疑。我只是客观地呈现数据，数据不会造假，也不会说谎，到时候明眼人一看便知这些数据背后的含义。

果然在那次管理会上，不用我们多言，屈总在铁一般的数据面前无力继续反对和辩驳，答应后续会协助我继续推进项目，我因此获得了成功。

如果我不能清晰地分清楚这个事件中各类问题的性质，一味纠结于让屈总听从我的安排，或者因为做不到而灰心丧气，就是在为一件超出我可控范围的事情浪费时间，岂不是偏离了方向？关键是这根本无法帮助我得到想要的结果。

（三）如何区分高效能和低效能的人？

遇到问题时，有人积极主动，有人消极被动，而因为每个人的态度不同，所以对于兴趣圈和专注圈的着力点就不一样，这就导致有些人低效能，而有些人则高效能。二者如何区分呢？

1. 低效能人士

这一类人内心深层次观点是：人是环境的产物。也就是说人永远受环境的驱使和影响，没有主观能动性。其典型的思维模式是：

- 我已无能为力……
- 我就是这样……
- 我不得不……
- 我不能……

2. 高效能人士

这一类人内心的深层次观点是：人可以自己选择事情结果。他们的思维模式通常比较积极，平时也常常使用积极主动的语言，比如：

- 我可以控制自己的情绪……
- 我选择做（成为）……

- 我来试试看有没有其他的可能性……
- 我更愿意这么做……

相比之下，低效能的人不想承担后果，更倾向于将责任推给其他人，将原因归结于外部；而高效能的人则更关注自身的行为，关注人与事的正面效应，希望通过自身的主动和调整去改变现状。

如果你之前经常呈现出低效能的特征，比如思维模式习惯于："如果……""早知道……""那个人总是……"，而你希望以后能成为高效能的人，那么以后再遇到问题的时候，建议你强迫自己换一个思考模式，你可以这样问自己："已经这样了，我可以怎么做？"

经过这样的思维训练，至少你能主动地去做一些改变，即使最后问题没有得到彻底解决或者结果不理想，但你仍会发现自己的心态变得更加淡然和从容了。

（四）面对外部刺激，积极主动的人如何反应？

有的学员曾经跟我说，自己很难改变之前的行为模式，总是用下意识的第一反应来应对和处理问题，结果却不甚理想。难道这种现象无法避免吗？

我们来思考一下思维和行为之间的关系，就是当你接收到一个外部刺激时，你的反应通常是怎么样的？二者之间无缝连接吗？

一受到刺激，立刻就给出反应，这个属于本能反应，但其实刺激与反应之间是有空隙，有思考空间的。也就是说面对一个难题出现的时候，你有选择回应、如何回应以及不回应的自由。

是否回应和如何回应，应该取决于你自身的原则、价值观和既定习惯来判断，而不应受到外在环境和条件的影响。

对于积极主动的人来说，哪怕这个空隙只有 1 分钟，他都可能做出不一样的选择。不因外界或一时情绪波动而冲动行事，在这 1 分钟的时间内，可以稍作思考再做决定，这样做出来的决定会更加客观、理性，对后果的破坏性也更小。

然而对于消极被动的人来说，他们通常容易感情用事，会有意或无意地受情绪、感受、环境或条件作用的驱使，让它们来控制自己的回应。正因为如此，这一类人选择的结果大都比较负面，消极或者不理想。

当然，无论做出何种选择，都要付出一定代价，只是代价的大小不同，你也不能排除造成某种错误或无法挽回的后果的可能性。

一旦发生不良后果，积极主动的人会坦然接受和承认这个错误或后果已成事实，并立刻加以改正，从中汲取教训，以后不会重蹈覆辙，降低或避免新的风险或损失。

（五）把精力放在专注圈，而不是兴趣圈

兴趣圈的事情，你可以关注、评论或发表看法，但却改变不了什么；而专注圈的事情，与你的关系十分紧密，你有能力对其施加影响，进行改变。显然，前者是做不了什么，没价值；而后者是能做改变，有价值。

所谓态度决定一切。兴趣圈和专注圈，最根本的区别是你对它的态度如何。

如果你将过多的时间和注意力放在兴趣圈那些对自身发展毫无用处的事物上，沉溺于其仅能带来的短期快乐和刺激感，那么一旦刺激感消失后，人只能感到更加失落和空虚，这只是纯粹浪费了时间而已。这

样的人遇到问题或者困难，也从不向内看，寻找自身原因，反而天天抱怨。这就是典型的消极被动思维模式的人。

相反，如果你能把有限的精力和注意力放在专注圈多一些，兴趣圈自然就小了。

所以，我建议你好好梳理一下自己目前的兴趣圈和专注圈，哪一部分所花费的时间和精力更多一些，如果不合适，就要进行相应的调整，多用有限的时间去做有利于自身发展和有价值的事，比如学习、读书、写作、运动、分享知识、有效社交等，这些都是不错的做法。

对于上文提到的那位从事财务工作的职场人，他如果能聚焦在专注圈，做跟自己的个人发展息息相关的事情，比如学习能够有效提升财务工作的技能，制定职业规划，每周进行3~4次身体锻炼，在社交平台分享财务知识等，那么他终将告别懒散和平庸，成长为自己喜欢的模样。

想要尽可能发挥专注圈的作用和影响力，就要做一个言行合一，信守承诺，行动力强的高效能人士。当你具备独立完整的自尊体系时，选择的空间也会比其他人大得多，甚至有能力给自己创造更有利的外部环境。

积极主动，就是要学会做选择，选择做专注圈的事，而不是兴趣圈的事。当你有了清晰的目标，认准了正确的方向，就要坚持不懈地执行下去，并且相信时间的力量。

第二章

持续学习：
迭代自己，超越同事

快速学习，
短期内迅速学习新技能

在信息高速发展的今天，每隔一段时间，你就会从报刊、网络中发现有新概念、新名词、新技术的出现和诞生，在你还没搞清楚 VR、AI 是什么东西时，元宇宙、ChatGPT 又突然冒了出来，真是让人应接不暇，无力应付。

人们不禁感慨万分，在学校里学的知识早已过时落伍，面对纷繁复杂的新世界感到彷徨又无所适从，到底该如何应对才能跟上时代的步伐？

这的确是现代人必须面对的现实。显然，随着新的知识、经验和技能不断更新和升级，职场人培养持续学习的习惯，抱持终身学习的态度，已经成为不被时代大潮所淘汰和抛弃的不二法则。

正如《爱丽丝漫游仙境》一书中红桃皇后所说的那句话："不进等于后退，停滞等于死亡。拼命奔跑，以保持在原地。"

本章将集中讲述如何持续学习，让自己的知识和能力得到提升和迭代，以适应这个时代，让自己立于不败之地。这一节先关注快速学习能力，要点如下：

- 为什么需要快速学习？
- 快速学习的五个步骤。

一、为什么需要快速学习？

俗话说：术业有专攻。这就意味着普通人很难成为多个领域的专家。但这是否意味着我们只能局限在自己熟知的领域里，不能涉入陌生领域呢？

当然不是，而且还绝对不行。

如果一个人只停留在自己的舒适区，重复做着早已熟悉的工作，没多久就会倍感无聊又无趣，丧失对工作的热情，更不要说自己会有什么进步和成长了。

那么既然不可能成为跨领域专家，又不能拘泥于自己的专业和岗位，那么如何才能做到与时俱进？

没错，就是要具备快速学习能力。

（一）什么是快速学习能力？

何谓快速学习能力？ 就是在短时间内学习和掌握新知识、新方法和新技能，或者快速切入一个全新领域，并能灵活运用的能力。

当今社会，新技术一日千里，固守着原来的认知和经验已经无法满足工作和生活的需要，人们需要紧紧跟上时代的脚步，提升思维水平，熟练掌握新技术、新技能。可见，掌握快速学习的方法和流程必须要提上日程。

如果你关注招聘网站，就会发现在很多岗位的职责要求中，都有一条是：需要具备快速学习的能力。无独有偶，被很多人熟知和称道的世界500强企业——宝洁公司的"面试八问"中，第八道面试题如下：

"Provide an example of how you acquired technical skills and converted them to practical application."

意思是：举例说明你怎样获得一种技能，并将其转化为实践。

这其实考察的就是你的快速学习能力，你应当将回答的重点放在获得新技能的过程、方法及将其应用于实际工作的过程上，快速学习并确保能立刻实践，最好还能量化地证明自己的学习能力。

为什么职场上非常强调快速学习能力呢？

因为如果你不能在同一个行业、领域和岗位干一辈子，就意味着你迟早有一天要跨越到其他行业、领域和岗位，当你换了新工作的时候，如果缺乏快速学习能力，不能尽快融入新的岗位，就无法按质保量地完成领导交代的任务，也就是不合格，那等待你的命运将岌岌可危。

哪怕是在同一家公司，因为这样或那样的原因，你也可能面临着转岗的情形，比如从销售部门转去电商部门，两个岗位听上去似乎不搭界，那是不是就无法胜任呢？

其实不是。

这两个部门在工作上是有相通之处的，比如产品的品类一致，终端消费者也基本重叠，工作的方式也是需要跟多个部门一起配合，那么你就可以把之前积累的通用技能，比如沟通、协调、项目管理等能力迁移到新岗位。

当然，这两个岗位更存在着较大的差异，你对电商部门的运营模式等知识和流程接触得并不多，更谈不上了解，需要从头开始学习和熟悉，比如如何开新店、如何上新产品、如何做页面优化、如何在站内站外进行战略推广，等等。这就考验你是否具备快速学习的能力。

（二）快速学习能力和学习曲线是什么关系？

作家马尔科姆·格拉德威尔在《异类》一书中提出了"一万小时定律"，是说要成为某个领域的专家，需要一万小时。如果按照每天工作八个小时，一周工作五天的标准来计算，那么成为一个领域的专家至少需要五年。

看到这条定律，你可能会有点沮丧，要学习和提升某项新技能，难道真的一定要一万小时吗？可是自己根本就拿不出来这么多空余时间学习，那是不是就没办法掌握新技能了呢？

其实未必。如果你并不想成为某个行业里的高精尖专家，只是想入门并掌握最基本的技能，那么大部分领域的学习是不需要一万小时这么多时间的。

比如你要学习尤克里里或吉他，琴谱上的和弦可能有成百上千乃至上万种，但其实你并不需要掌握世界上所有的和弦，就可以弹出足够优美的曲子。那么需要多久就能达到这个程度呢？一位教授乐器的朋友告诉我，只需要 20 小时。

一位完全是编程小白的普通文科生，只要能全心投入 20 小时，也可以掌握一项基础的计算机数据库编程语言。

为什么在短时间内，我们就能快速掌握这门新技能呢？请先看下面这张学习曲线图：

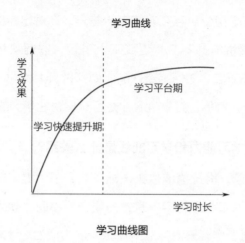

学习曲线图

在这张学习曲线的图中,横轴代表你学习的时长,纵轴代表学习的效果,我们发现随着时长的增加,学习的效果反而没有之前那么好了。

也就是说,随着你训练的时间变长,能力提升速度会渐渐变慢。即最初的阶段是一个快速的增长期,然后到虚线的分界线那里,就会变成一个平台期,能力将越来越难以提升。

所以,快速学习的重点,是要把学习的精力聚焦在分界线的左侧,也就是快速增长期。经过大量实践证明,这个快速增长期所需要的时间大约仅需要 20 个小时左右。

快速学习也是一种需要厚积薄发的能力,如果你知识面比较宽,积累比较深厚,在学习新事物和新技能的时候就更容易进入状态,更快掌握核心知识,学习效率也会更高。

二、快速学习的五个步骤

第一步:明确目的;

第二步:搜集资料;

第三步：拆解问题；

第四步：立刻执行；

第五步：重复反馈。

（一）第一步：明确自己的学习目的

如果你只是为了学习而学习，学到的东西并没有实际作用，那其实无异于浪费时间和精力，还不如不学。

没有目标的学习，人的动力自然不足，不仅无法坚持，更别说能真正学到什么，那么也使得快速学习失去基础，成为空谈。

尤其是在今天这样一个碎片化信息横行的年代，在学习之初，一定要先明确自己的目标，并根据这个目标，带着你的问题去学习。

当学习目的清晰又迫切，就能够激发自己的潜能，达到快速学习的目的。很多时候并不是你学习能力差，而是目标不够明确，因此不能全力学习。

对于职场人士来讲，其学习目的大体可分为如下六类：

1. 自有知识、经验的更新和迭代

当你在本行业或本岗位从事工作多年，一方面形成了宝贵的经验，但另一方面，知识也有可能过时、落伍、随时被淘汰。这个时候，不管是单位要求，还是出于自愿，你都需要通过快速学习来吸收新知识，获取新经验。

2. 学习新知识和新技能，以适应转岗

当一个人跳槽到新公司，进入新行业、新领域，或者转岗到之前没从事过的岗位时，为了适应新的岗位变化，就要利用一切可以利用的资源，快速掌握该领域的关键知识，让自己尽快融入新环境，适应新岗位。

3. 提升认知，拓展思维

除了圆满完成本职工作，对于那些对自己的进步有要求的人来说，他们还希望通过学习，让自己站在更高、更广的视野看待世界、看待人和事。比如提升管理能力、领导力，以及学习一些政治、经济、历史、哲学、文学、心理等领域专家的著作。

4. 资格、学历及其他各类考试

这一类资历、资格证书考试的学习比较务实，贴合个人职业发展需要，比如备考研究生、CPA、CFA、项目管理等，因为受考试时间所限，就更要求考试者在短期内高效备考，通过考试。

5. 提升职场竞争力

为了提升自己的竞争力，职场人会选择通过学习来弥补自己在某方面的短板，或者某类欠缺的能力，比如学习公共演讲、情商管理、办公软件、时间管理、英语表达、数据分析等实用的职场技能课程。

6. 支撑兴趣、爱好相关知识

工作之余，为了在自己感兴趣的领域持续深耕，有些人会花时间学习理财投资、摄影、写作、健身、美食、手工、乐器、视频制作等众多主题的内容，通过快速学习让自己入门和进阶，进一步激发动力和兴趣。

（二）第二步：搜集、整理、提炼和整合资料

当你在第一步明确了自己本次学习目标后，就要开始对相关的资料进行搜集、整理、提炼和整合，这样才能在短时间内尽快掌握到最核心和关键的内容，迅速进行消化和吸收。

1. 搜集资料

资料的搜集分为两个途径，一是内部搜集，一是外部搜集。

内部搜集，就是盘点手头有哪些资料，可以是个人所有，也可以是从单位的网站、数据库或公开资料中获得的。

外部搜集，包括线上和线下资料来源，线上的资料来源有微信公众号、知乎、搜索引擎、专业网站、线上课程等；线下资料来源包括业内畅销书籍、专家著作、讲座研讨会、行业专业报告、辅导班、面对面咨询等。你还可以找业内人士聊天获取信息。

2. 整理资料

将以上搜集到的相关信息进行分类汇总，建议遵循麦肯锡公司提出的 MECE 原则，即 Mutually Exclusive Collectively Exhaustive，意思是"相互独立，完全穷尽"，也就是彼此不重合，且完整无遗漏。

至于具体如何分类，你可以参照既有的框架，也可以向业内人士咨询，具体的内容我将在第五章的结构化思维部分谈到。

举个例子，你想提升管理团队的技巧，购买了三本管理书籍，也收藏了 10 篇公众号上的相关文章。你先把这三本书的目录大纲都列出来，利用 MECE 原则整理成一个大目录，一共包含 70 个主题；接着再仔细对照收藏的 10 篇公众号文章内容，检查是否可以将它们融入 70 个主题中的某一部分。

对照后你会发现，有 7 篇内容可以对应到 70 个主题下，剩余的 3 篇内容无法包含进去，那么原来大目录下的 70 个主题，加上公众号的这 3 篇主题，就是 73 个主题。

3. 提炼资料

这一步就是对已经收集的上述信息和资料进行提炼。首先要删除与学习目标无关的内容，然后把要学习的主题内容的重要度排好优先级，并筛选出其中最重要的信息。

我们继续上面那个例子，经过对资料的收集整理后确定 73 个主题内容，再进行提炼和筛选，发现其中 40 个主题跟管理团队直接相关，其余都是管理学中的其他主题，可以暂时放在一边，从而把这 40 个主题的内容作为快速学习的重点。

4. 整合资料

这一步就是将提炼后的资料与学习目标关联起来，如何进行关联呢？

沿用上面那个例子，关于提升管理团队的技巧，其中你最为关心的就是如何激励下属完成挑战性工作目标，因为你在实际工作中遇到了这个阻碍。

那么你就可以快速浏览这 40 个主题的内容，结合自己的实际情况，要么从中直接找到解决上述问题的答案，要么进行新的整合和提炼，以一定的逻辑结构，用自己能理解的方式总结出一套解决方法。

（三）第三步：拆解问题，转化为自己的知识

当你在完成了资料的搜集整理、提炼整合后，接着对你要解决的问题进行拆解。也就是不能停留在浅层次的问题上，要透过现象看本质，找到问题的核心。

你需要找到与这个问题相关联的关键点，并梳理出每个关键点之间的关系，这样会让一个复杂的问题变得简单。 快速学习能力强的人，就是那些能把难的问题变得简单，并快速找到答案的人。

比如，你目前遇到的阻碍是很难激励下属完成目标，这是表面问题，进一步拆解后发现的关键点包括：
- 刚接手这个部门，对下属的性格和需求还缺乏深入了解；
- 公司对下属完成挑战性目标缺乏实际激励措施；
- 下属的工作缺乏激情和动力，业务能力也有待提高；
- 团队整体缺乏凝聚力，经常是各自为战，缺乏团队协作；
- 过往的上司对下属管理过细，以至于下属养成依赖的习惯，缺乏主动性，等等。

当你将下属不能完成挑战性目标这个问题，按照如上的分析、归纳、总结方法拆解后，会发现解决问题已经不是什么难事。

尤其在第二步，你已经把手头上的学习资料进行了整合和筛选，那么就可以结合拆解后的问题集中精力进行学习和研究，找出对应拆解后的问题的方法，总结整理后转化为自己的知识。

（四）第四步：立刻执行学到的新技能

在第三步中，经过快速学习，你已经初步掌握了解决问题的新方法和技能，下面就要找机会立刻付诸实践。

只有在执行过程中，你才能进一步观察和评估方法是否可行，是否适用，是否有效，以及有没有需要调整和改进的地方。

我们在最初讲过，学习的东西一定要有用，对你的生活和工作有实际的帮助。但你学会了方法却不实践，又怎么知道方法到底有没有用？到底能不能解决问题呢？

学习不单单只是在输入，输出更为重要。输出，也就是行动或实践，它不是可有可无，可做可不做，而是学习的重要组成部分，绝不能缺席。

关于实践新技能、新方法，你可以根据实际情况决定是先做小规模试验或试行，还是立刻进行大规模和全面的执行。

举个例子，当你学习并掌握了如何激励下属的方法，可以在团队中先找一两个典型的下属，将新方法在他们身上应用一段时间，通过下属反映出来的工作态度和工作业绩来判断应用的效果如何。比如，他们的主动性是否得到了提高？业务能力是否加强了？是否重新拥有了动力和积极性……

然后，你要评估实际效果跟自己心目中的期望是否还有差距，差距有多大，你的管理方法是否还需要进一步的调整，等等。

（五）第五步：在重复中得到反馈和改进

从学习之初到熟练掌握某项新技能，需要在真实场景中重复实践，并在得到有效反馈中不断改进，经受住了反复考验，你才算真正学会和掌握了这项技能，这也就是第五步。

根据上面的例子，你后来将激励下属的方法应用到整个团队，并且一直将其作为管理团队的主要方法不断实践，通过跟下属的交流，你持续获得反馈，能客观看到团队绩效的改善情况。这说明你的方法奏效，你也真正掌握了知识，提升了技能。

综上，世界上唯一不变的事情就是世界是在不停地变化的，要想自己不被时代抛弃，要想让自己始终具有价值，只有不断充实自己，去学习和成长。

保持持续学习的能力，保持对这个世界的好奇心，并能快速将自己的所见所学运用到实践中去，这才是在信息大潮中立于不败之地的生存之道。

正如乔布斯所说的那句名言：

"Stay hungry, stay foolish"（求知若饥，虚心若愚）。

3个方法，
让学习效率倍增

掌握了快速学习的方法和技巧，这一节我们将继续学习之旅，聚焦如何才能提高学习效率，在同样的时间内学习和吸收更多的知识，掌握更多的技能，让学到的东西记忆得更牢固，让时间更有价值。

本节将介绍如下三种高效学习法：

- 思维导图法；
- 康奈尔笔记法；
- 番茄学习法。

一、思维导图法

（一）什么是思维导图？

提到思维导图，相信很多人或多或少都听过，它像树状图，又像流程图，有的还配上花花绿绿的颜色。

的确，思维导图其实是一种视觉化的学习效率工具，利用发散性思维进行联想，运用图文并重的技巧，把各级主题的关系用相互隶属与相关的层级

构建成一个框架图表现出来。

这就好比我们用 Word 软件编辑文章，其目录是从上至下按照一定的逻辑和分类记录不同级别的主题一样，只是思维导图不是从上往下的方式，而是铺陈和发散开来。

思维导图通过把主题关键词与图像、颜色等建立记忆链接，从而帮助人们进行总结记忆，并起到让人印象深刻的作用。它犹如在大脑中建立了一个庞大的思维地图，当你想到一个信息的时候，顺着这个信息很快就能获取与其关联的信息。

（二）思维导图法的优势

不管是在学校还是在职场，很多学习达人都十分推崇思维导图法，这是源于思维导图法具有如下三大优势：

1. 方便和加强记忆

在制作思维导图的时候，并不是盲目地复制所有看过或讲过的内容，它是一个选择的过程。也就是说，你要学会用最少量的词语，总结最大量的信息，这样才能便捷而高效。比如，你看到一个论点是：

"适当的授权不仅可以提升他们解决问题的能力，还可以大大提高工作效率。"

如果将其用思维导图总结的话，你完全可以精简成如下这句话：

"授权能提高效率。"

显然这样的语句更加精简，也更便于记忆和理解。

同时，思维导图法之所以能起到既方便同时还能加深记忆的作用，是因为在制作的时候，你需要梳理出概括、总结、因果等严密的逻辑关系，而这样的逻辑关系最为大脑所喜欢，所以人们才更容易记住知识。

2. 厘清思路和逻辑

在通常情况下，当你在学习新的知识、技能或者研究一份报告时，并不一定一开始就有清晰的思路，那么通过制作思维导图，就能帮助自己进一步理解和梳理。

制作过程中，你要思考怎么画才能便于记忆与阅读；该如何搭建学习的整体框架；如何对目标内容或事物进行分类和整理；如何一层一层按逻辑组织关联的知识点，等等。

这个思考和制作的过程，也督促你对学习内容不断复习并加深理解，厘清纷乱的思路，使其清晰可见。

3. 把握全局和细节

思维导图将多种信息加工并组合在一张图上，将各个模块的知识系统串联和整合，因此具有全面性和完整性。

将一本书变成一张思维导图，并非不可能。因为思维导图不仅能呈现出整本书的逻辑框架，而且也能突出重要知识和关键点。

一张思维导图帮助你"高屋建瓴"般快速领略全书精髓。在把握整体面貌的同时，也能顺着分支去看每个细节和组成部分，做到了对全局和细节的一览无余。

（三）思维导图法的特点

请你观察下面的两张思维导图，看看它们有哪些特点？

显然，不管是手绘，还是软件制作，思维导图法都具有可视化和结构化的特点。

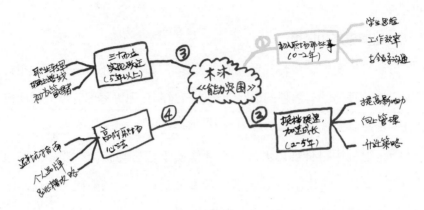

手绘的思维导图

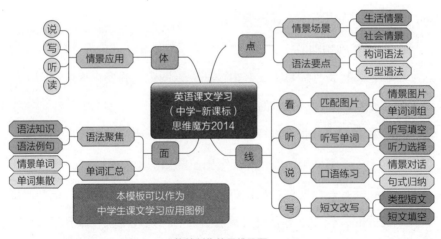

软件制作的思维导图

所谓可视化,是指将纯文字性内容用图形、符号、点线、颜色等视觉形式展示出来,传递出同样的信息。

思维导图就是用可视化的方式制作成一张图,这张图将主题、关键点通过线条联系起来,使得分散的知识点整合在一起,以一整张图的形式呈现在我们眼前。

同时,你会发现思维导图是非常结构化的。相信你还记得上语文课的时候,老师经常拿出来一篇文章,教学生分析和判断文章的结构和类型。思维导图的功能与此很类似,你要把看上去纷繁复杂的信息和内容,经过结构化方式进行处理,使其变得有内在逻辑、有条理、清晰可见。这样就有助于人们记忆、把握和运用学到的知识或技能。

(四)思维导图法的使用场景

什么时候需要使用思维导图法进行学习呢?我总结了如下五种使用场景:

1. 高效阅读

想要快速阅读一本书,并掌握书中核心观点和精髓,你就可以用思维导图把书中的知识进行提炼,将一本书的内容浓缩在一张或几张纸上,能把任何一本书中的主要精髓准确和全面地提炼出来,实现"把书读薄"的目的。

制作方法是,从一个能抓住书的内容本质或核心的中心思想开始,然后以此为中心向外发散,以下级标题或主章节的标题为主干,再以此向外延伸第二级、第三级。

2. 学习知识

在学习某个学科或者技能的时候,同样可以用思维导图法把这个领域重要的知识点提炼出来,形成一个结构(去除不重要的、没有价值的点),能激发大脑进行联想、建立知识点之间的联系,大幅增加产生创造性思维的可能性,这个结构具有容易记忆和复习的优点。

定期将完成的思维导图拿出来回顾和复习,遇到没记清楚、没记牢固的点,再去把原来的书本或课件中这部分内容重点复习,这样不仅能节约大量的复习时间，而且还很容易将知识保存在长期记忆中。

3. 应对考试

备考时，将学习资料中每个章节都做成思维导图的形式，能有效解决在紧张的备考节奏和压力下，你记了忘，忘了记，没完没了地反反复复、效率低下的低效状态。

4. 辅助记忆

当你需要去在工作或生活中记录或者记忆某些特定内容的时候，思维导图法能帮助你更好更牢地记忆内容，不容易遗忘。比如在听讲座、聆听分享或者发言的时候，都可以尝试用这个方法辅助记忆。

5. 工作场合

在如下工作场合中，你都可以借助思维导图法，比如：

- 做计划：工作计划、假期计划；
- 做总结：工作总结、项目总结；
- 做分析：问题诊断、制定解决方案；
- 做笔记：操作手册笔记、流程规定笔记；
- 做记录：会议记录、学习记录。
- 帮记忆：归类不同类型事物、记忆地图等。

（五）如何看一张思维导图？

面对眼前的一张思维导图，如何能做到迅速读懂、读透？

你可以按照下面三个步骤：

步骤一：看中心主题

中心主题位于思维导图中心位置，一般是核心内容、核心观点、核心宗旨、中心思想，或者总标题，比如上图中的"英语课文学习"。

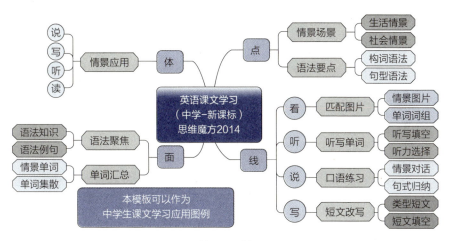

思维导图示例图

步骤二：看主干

主干是思维导图中间部分发散出去的主要线路，其实就是总标题下的一级标题，比如上图中的"情景应用""语法聚焦""单词汇总"等。

步骤三：看支干

主干下的分支支干，也就是一级标题下的二级、三级标题等，比如上图中的"类型短文""短文填空"等。看到思维导图中某一个支干，如果还是不太明白，你可以继续从下面的分支寻找线索或进一步的说明。

（六）思维导图与传统笔记的不同之处

1. 思维导图更节省时间

因为图上主要抽取核心观点，所以你在看思维导图的时候，只需要记忆和阅读跟核心观点相关的词句，复习知识的时候也只需要看思维导图整理好的内容，同时不必在修饰性或不重要的词汇中寻找关键词。这些都能大大节省你的学习和复习时间。

2. 思维导图更让人集中精力

你只需要专注于核心的问题上，并忽略旁枝末节的部分。这样更能让人集中精力。

3. 思维导图提高记忆力

思维导图上重要的关键词更为显眼，而且这些关键词并列在一张图中，还能进行灵活组合，从而提升创造力和记忆力，并且在关键词之间能产生清晰、合适的联想。

4. 思维导图内容较为全面

思维导图能清晰地体现一个问题的多个层面，以及每一个层面的不同表达形式，重点突出，内容全面。

（七）如何制作思维导图？

制作思维导图有两种方式，一种是手绘，一种是用 App 或电脑软件。

前者需要准备写字的笔和带颜色的笔。因为不容易涂改，所以需要先做底稿，然后临摹即可。

后者使用起来较为方便，打开网页版或者下载 App 或软件都可以，因为是在手机或电脑端操作，所以这种方式更容易修改、更新和保存。常用软件有 FreeMind、MindManager、MindMaster、幕布等。

值得一提的是，幕布这个思维导图软件，跟大部分的思维导图不同之处在于，幕布支持文档一键生成思维导图，使用起来更加方便。

建议大家下载 App 或软件使用，都非常容易上手，当然你可以把几个 App 都尝试一番，找到一款适合自己的用起来。

二、康奈尔笔记法

康奈尔笔记法，是康奈尔大学的沃尔特·鲍克教授，根据达芬奇笔记记录总结而成，包含五个步骤：记录（Record）、简化（Reduce）、背诵（Recite）、思考（Reflect）、复习（Review）。所以，康奈尔笔记法又被叫作5R笔记法。

这种笔记法的最大优势在于把学习与记忆、思考和运用相结合，能够有效解决了学习中的记忆、思考、复习等问题。

康奈尔笔记法的使用并不复杂，记录步骤如下：

第一步：准备笔记本

准备一个空白笔记本，把笔记本的每一页都画线，分成不同的区域，每个区域都有特定的用途，如下图所示。

康奈尔笔记法

线索栏	笔记栏
2. 简化（Reduce） 3. 背诵（Recite） 这里主要提炼和归纳重要的知识点	1. 记录（Record） 这里主要记录学习内容： • 写成列表形式 • 使用简洁的文字 • 使用简单的符号 • 使用缩写
总结栏 4. 思考（Reflect） 5. 复习（Review） 这里记录最重要的几点，写成可以快速检索的样式	

康奈尔笔记法

第二步：画两条线

在空白页的下方（占页面四分之一处），画上一条横贯整个页面的横线，如上图绿线所示；然后，在横线的上半部分，距离左侧边线约6厘米的位置，画一道竖线，如上图黄色线所示。这样空白页就分成了三个区域，分别是：线索栏、笔记栏和总结栏。

第三步：记录笔记

正式记录学习笔记之前，在页面顶部写上本次学习或者课程的主题等相关信息，包括时间、主题、场合、书名等要素。

接下来按照页面不同区域进行记录：

1. 右侧的笔记栏

笔记栏区域是空白面积最大的部分，这里用于记录上课内容、会议纪要或者读书笔记等主要部分。

在这块区域做笔记的时候，要用列表形式，且要有条理和逻辑性，重点内容可以用带颜色的笔或者加粗的字体标记。

通常老师的课件、板书上的内容，或者书上的重点内容都可以记录在笔记栏内，并通过符号、序列号、不同颜色来进行标记。

2. 左侧的线索栏

左侧区域用作线索记录，也就是对笔记栏内容进行简单提炼，即简化。提取其中关键词、公式等写入左侧的线索栏，便于后续的复习和思考。在这个过程中抓住重点是重中之重。

记录和简化之后，要对笔记内容进行记忆和背诵。你可以通过上面提炼后的要点来辅助记忆，这可以帮助节约记忆时间。

3. 最底部的总结栏

这部分主要填写自己的思考总结，以及复习的时间等。

记录笔记，在于思考和总结，用于深入理解学到的知识，不断将其吸收和消化，在总结栏里写下自己的观点、意见、想法、总结等，这也是康奈尔笔记法中最精髓的一步。

写总结便于厘清学习思路，也有利于后期进一步思考和及时复习。通过三到四次的复习，就可以将短期记忆变成长期记忆。

第四步：有效运用笔记

为了更好地巩固学到的知识，你可以根据线索栏里的知识要点和关键词，再阅读对应的笔记栏里的详细笔记，带着思考仔细阅读。

为了检查知识点的记忆程度，用纸盖住笔记栏，根据线索栏中的知识框架，回忆详细内容，然后揭开纸，检查回忆的答案是否正确。

掌握方法重要，坚持复习更为重要，这样才能让你的笔记更加系统化。而且当你想复习的时候，就能通过题目很快地检索到笔记内容。

三、番茄学习法

番茄学习法并不是教你如何去钻研知识，而是帮助你在有限的时间里提高学习效率，因为再有效的学习方法，如果不能高效使用，对一个人真正的提升和进步也是无用的。

番茄学习法，是意大利人弗朗西斯科·西里洛经过大量的实践研究，发现了在25分钟内专注的秘诀，随之创立的方法。

具体来说，就是把学习的过程分为一段一段的长度，一般是25分钟，这25分钟的时间就叫一个番茄，可以用闹钟或者定时器来计时。

在这25分钟的时间里，只能进行跟本次学习或工作相关的事，中途不允许做任何无关事项。直到25分钟结束，番茄时钟响起，才能进行短暂休息。然后再开始下一个番茄。每连续完成四个番茄时段后，中间休息的时间可以长一些。

正确使用番茄学习法，可以遵循如下五个步骤：

步骤一：制订时间计划

使用番茄学习法一般用于当天的某项学习任务。你需要把当天可支配的时间做一个盘点，将能使用的时间做一个学习计划，比如晚上有两个小时空余时间，那么你将其中一个小时用于学习英语，另一个小时用于学习木沐老师的职场课程。

步骤二：划定番茄时间

将你计划的学习时间按照 25 分钟一个番茄钟进行划分，比如学英语和职场课各为一个小时，所以可以分别划分为两个番茄钟，两个番茄钟之间休息 5 分钟。在番茄学习的 25 分钟期间，尽量保证不被其他事情所干扰。

步骤三：番茄时间结束

番茄 25 分钟到了之后，不管你有没有学完，都要停下来休息 5 分钟，这个时间用来活动一下，比如去喝水、上厕所、透透气、站起来走一走，等等。

如果在 25 分钟之内没有完成学习任务，就在该任务后面标注：未完成。每连续完成四个番茄时间之后休息时间增加为 20~30 分钟。

步骤四：中途被干扰或打断

如果在番茄 25 分钟之内发生某种突发情况，比如突然接到重要电话，或是想起差点被忘掉的、非做不可的紧急事情，就要立即停止这个番茄钟，并标注作废。

哪怕你还有两三分钟番茄钟就结束了，也要标注作废，等突发事情解决后再安排番茄钟时间重新开始学习。

还有一种情况是，学习期间，你头脑中突然闪现出一些跟学习无关的事情，或者虽然中途被某些事情打断，但事情并不太紧急，那你可以用旁边的纸和笔记录刚才脑海中想到的事或者刚刚被打断的事，专门打印一张"被干扰事件记录表"放在旁边备用。

对此我深有体会，当你的思绪漂浮到某件无关事情时，这是你无法控制的。

比如有一次我在阅读的时候，突然想起全家要外出旅行度假的酒店还没有预订好，当时很想马上去上网订一下，但我并没有立即这么做，而是在旁边的"被干扰事件记录表"上记录下"订酒店"，然后继续学习，完成这个番茄钟。这样就没有破坏掉之前定好的学习计划。

所以，当无关且不重要的思绪来打扰你手头的学习或者工作的时候，可以快速记录下来，不要因此中断正在做的事情。等这个番茄钟结束后，再找时间去跟进刚刚记录的事情。

步骤五：自我评估和调整

关于划定的番茄钟，是不是越多越好呢？

其实不是。

尤其在你刚开始应用番茄学习法的时候，一开始不要定太多的番茄钟数量，比如一天给自己安排十几个番茄钟，累计到一起四五个小时了，这基本不可能实现。

对于职场人士来讲，在一天当中的可支配时间内能完成六七个番茄钟就很不错了。

睡前或者每天结束之前，花点时间对今天完成的番茄钟做一个复盘，小 Tips 如下：

- 是否如期完成了每个番茄？
- 被中途打断或者干扰的情形多吗？
- 在每个番茄钟的时间里，你是否能专注在当下的学习或工作中？
- 是否完成了当天的学习计划或任务？

坚持一段时间，你对每个番茄钟内学习工作的专注力就会增加，而且对自己每天完成了哪些学习任务，做了哪些工作都会非常清晰。

然后用今日完成的学习任务对比整个学习计划，检查今天是否有拖延或遗漏的内容，这对你评估学习一项新技能或者完成一项工作需要花多长时间很有帮助。

你可以用普通的闹钟设定番茄钟，也可以用手机 App。市面上有很多番茄学习的 App 可以下载，比如 Forest 专注森林、番茄 ToDo 等，不妨尝试一下，哪一款更加方便使用，更适合自己。

综上，通过使用思维导图法能让你在面对新知识或新技能时掌握全局、熟知框架、清晰思路；通过使用康奈尔笔记法，你能有效地解决学习中记忆、思考、复习等问题；番茄学习法，则让你将高效学习的方法落地可执行，不浪费每一分钟。

熟练掌握这些高效方法，你的学习效率将会轻松倍增。

职场中这样学习，比同事跑得快

在前两节内容中，我们学习了如何快速和高效学习的方法，让你在面临需要学习新知识、新技术或者新技能的时候，不再感觉无从下手，也不会觉得学习是一件很难的事情，反而因为掌握了这些方法，可以从容而自信地开始一段新的学习旅程。

除了运用这些方法进行系统的学习外，千万不要忽视在工作和实践中的学习，这样做同样能让你的能力获得显著提高，尤其很多人每天在职场上工作的时间至少要8个小时，你有充足的时间和机会在职场这所社会学校里随时随地学习，不断充实自己，让自己的成长速度比同事更快，前提是你要足够用心和主动，勤于动脑和动手。

本节就将集中讲述这方面的内容，要点如下：

- 功利性学习法；
- 身边实践学习法。

一、功利性学习法

看到"功利"两个字，你是不是觉得有些许困惑？毕竟学习是一件很严肃的事情，怎么能"功利"呢？

这里说的"功利"，并非是为了什么物质方面的利益或好处，而是说在时间和精力都非常宝贵的今天，职场人的确很难拿出大块时间专门用于学习，所以就**更应该将时间用于能帮助自己解决实际问题的学习中，也就是说你要有所选择，从务实、实用的角度来安排学习。**

具体来说，功利性学习法的步骤如下：

步骤一：选择工作中急需解决的问题

对于一个不断要求进步的职场人来说，想要获得成长和不断进阶，需要客观理性地看待自己遇到的瓶颈或现有的能力水平。

当发现自己存在不足之处需要改善或提升时，这就是一个很好的学习契机。

这个时候，你可以列一个问题解决或能力提升清单，并排出优先级，选择其中最紧急和重要的需要解决的问题，带着问题和目的去学习。这样比盲目而泛泛地学习效果会好很多。

比如，你从事市场传播工作，常常需要做宣传文案和图文海报，虽然会有一些外包公司合作，但你如果能拥有这方面的技能，就能提出更好的建议，进行专业的质量控制。

否则，就算外包公司将文案或海报发给你，你自己也没有能力去鉴别优劣，更别提指导对方如何改进了，这也会影响你的工作成效和产品宣传效果。

那么，你目前在海报制作和审美这方面所欠缺的技能，就是你目前需要解决的一个问题,因为它关乎你的工作绩效和评价。

为了迅速掌握和提高这方面的技能,你开始搜寻相关书籍和课程,也向行内老师请教学习,以使自己尽快上手。当掌握了基本知识后,你需要不断练习,反复实操制作软件,练习色彩搭配、构图审美等。

经过这种集中学习和实践,你不仅能够学会利用绘图软件制作宣传图片和海报,更能针对外包公司的设计样稿给出专业建议。

但如果你没有将有限的时间用于提高设计和审美方面的学习,而是用于其他方面,比如练习英语口语和写作上,虽然也取得一些进步,但因为你的工作中几乎没有使用英语的机会,所以缺乏实践和正向反馈,这样你不仅耽误了学习时间,也很容易在学习热情减退后,放弃继续学习的念头。

所以,**工作中的学习要从解决实际问题出发,有针对性地去学习,并在学习后立即将其应用到工作中。**

"实践是检验真理的唯一标准",只有通过在工作中不断实践、复盘、总结和矫正,能力才能真正提高,也才有坚持学下去的动力。

步骤二:确定学习范围和顺序

在你选择出急需通过学习要解决的问题后,你会马上面对一个问题,就是学习的范围到底要有多广?要学多深?先学什么,后学什么?这些问题其实就是学习范围和顺序。

1. 关于学习范围

举个例子,你工作中经常需要通过做 PowerPoint(下文简称 PPT)来汇报工作和展示成果,但你目前掌握的技能过于初级,满足不了工作需要,因此你决定要好好学习 PPT 制作技巧。

如果你此时的需求是让 PPT 更美观和简洁,那么你只需要搜寻一下如何使用模板、图标和配色等方法就可以了。

但如果你想在 2 个月内系统学完 PPT 制作的内容，掌握从搭建 PPT 架构、整体布局、梳理逻辑到元素使用、动画制作等一系列专业内容，成为一名 PPT 达人，那就需要阅读专业书籍或者报名提高课程，全面学习所有知识。

简言之，如果问题不复杂，时间紧急，你就只学习解决该问题的技巧，快速解决当下遇到的问题；如果问题相对复杂，你也能腾出足够的时间，那就可以根据实际情况系统学习，掌握整个知识体系。

2. 关于学习顺序

这个问题不能一概而论。比如，你打算用 1~2 个月的时间全面学习 PPT 操作技能，那么当你打开一本手册或者上一门课的时候，不一定要依照目录或大纲内容按顺序学习，如果目前有急需解决的问题，你可以先定位到该部分，迅速学习并上手。

比如你现在最关心的就是如何让自己的 PPT 报告更美观，那么你可以直接跳到这部分内容开始集中学起来，先解决掉工作中遇到的问题，等到熟练掌握了这部分技能以后，再按照计划学习其他内容。

这样虽然学习顺序有了变化，但是没有影响整体的学习进度，你不仅按计划顺利完成了 PPT 课程的学习，同时还提高了工作效率。

从工作的实际情况出发，合理安排学习内容和顺序，既节约了时间，又能在不影响工作的前提下，掌握更多实用的知识和技能，少走了很多弯路。

步骤三：重复使用所学技巧

功利性学习法强调学以致用，学习的目的就是为了解决实际问题，如果学了一大通，却从不付诸实践，不将其用于工作中，那么你对知识和技能的掌握程度、学习质量和效果就会大打折扣。

比如你学习了如何制作高阶水准PPT，总结出了一套实用方法和技巧，那么就要利用一切机会运用它，比如给领导做汇报，准备培训资料，制订工作或项目计划，写产品推广会课件的时候，都要运用新技巧和方法。

如果得到积极的评价和反馈，效果好，就继续使用；效果不好就结合实际情况做优化，经过多次反复实践，一定会熟练灵活运用PPT制作技巧。

二、身边实践学习法

身边实践学习法，就是在你身处的职场和工作中，能随时随地去主动学习如何优化工作方法，提升工作水平，锻炼工作能力。以下分享10个具体方法：

（一）具备敏锐的学习意识

学习不一定是要坐在安静的环境，泡好一杯茶来正襟危坐地学，你可以从工作中发现一切可以学习的机会，来培养自己观察、思考、假设、验证的习惯。

当你遇到模棱两可，自己无法回答的问题时，或者从别人口中听到某个陌生的概念，某些从来没有听说过的事儿、某个知识点或者技能时，这都说明你欠缺这方面的知识或经验。

这个时候，你通常如何反应？是当作耳旁风般听听就算了，还是引起重视不断探究？

我建议你立刻将这些内容添加在自己的学习清单上，同时注明要学习的内容主题，什么时候学习，通过什么途径学习，以及是否有业内人士可以请教。

那么下一次你再听到这类信息或遇到这种情形的时候，就能自信、灵活地处理和应对了。

（二）向身边比自己优秀的人学习

将你身边那些很优秀，值得你学习的人分成两类：一类是迅速获得升职的人；另一类是在某一方面能力很强的人。

从第一类人身上，学习他们为何能获得快速升迁，有哪些值得学习和借鉴的地方。当然你不能直接去问对方，这样会显得有些唐突，也不一定能得到最真实的答案。

最好的方式就是通过你的观察，去观察别人的处事和为人，并了解这个人的具体背景、职业发展路径，在关键节点做了哪些事，或是做了什么样的选择才能获得快速发展。

除此以外，如果有机会和这样的人共事，比如参加同一次会议、活动或者项目，这是近距离观察他们的最好时机。观察的重点可以从这几方面入手：

- 当团队中发生意见不一甚至争论时，他们通常表现如何？他们如何管理自己的情绪？如何解决问题？如何跟意见不一的同事沟通？
- 他们是如何牵头和管理一个项目的？使用哪些工具管理？是如何管理项目进展，分配任务的？
- 他们是如何汇报项目和汇报工作的？领导对他们满意的地方有哪些？

从第二类人，也就是某方面能力很强的人身上如何学习呢？

这样的人可能PPT做得好，或者演讲能力强，又或者逻辑性强，概括总结能力优秀等，因为经常由于过人的表现而引起领导关注和欣赏，这就是我们学习的榜样。

向他们学习，并不是放弃你自己的个性和长处，而是将对方当成自己的镜子，反射自己的不足，找到自己的盲点。

（三）善于复盘和总结

职场中做事情，既可以选择不断重复自己，从无创新，没有进步；也可以选择不断给自己提出新要求、新目标、全心投入和用心达成。

你有没有仔细想过，今天和昨天比，这个月和上个月比，自己工作结果是否有更好的表现？效率是否有更大的提高？自己是否一直在进步，还是其实一直都在一成不变？

懂得及时复盘、**总结，找出存在的不足并不断改善，个人能力才能越来越强**。那么，该如何进行复盘总结？

举个例子，你刚组织完一次新产品发布活动，活动结束后，立即进行如下复盘：

第一，回顾目标

列举此次新产品发布会的目标，比如：邀请客户人数，媒体发布宣传稿件篇数，网站点击率，现场下单金额等。然后将实际发生的结果和当初设立的目标之间做对比，从而发现存在的差距。

第二，分析原因

不管实际结果低于目标还是高于目标，都要分析一下具体原因有哪些。

如果低于目标，就要看看有哪些地方没有做好，没有做到位，出现了疏漏，应该采取哪些解决办法；下次如何避免发生类似情形；是否有其他方法能做得更好。

同样，如果高于目标，也要总结有哪些工作做得比较出色，下次继续沿用。

第三，制订计划

分析完上述原因后，下次再做新产品发布会时，就可以制订更加全面和完善的计划，以实现更高的目标，达到更好的效果。

勤于思考，善于总结，通过一次次的复盘找到不足和差距。尤其当自己失败或出现错误后，更要总结教训，这样才能让你不再机械重复地干工作，让每一次工作都比上次做得更好，更出色。这正是任何一个领导都希望看到的。

（四）从成功的项目中学习

当你作为成员参与部门或者公司的大项目时，除了完成好自身的职责以外，你要把整个项目的运营当作一次生动的学习材料。

比如学习项目负责人如何制定项目，推动计划；如何协调各部门团结一致；如何主导和召开项目会议；如何写项目汇报文件；如何在上司面前展示该项目；遇到问题如何化解和处理，等等。

尤其当你资历尚浅，还没有机会或者没资格去操盘一个大项目的时候，更要学会"偷艺"，将别人身上的优点和做事方式学过来为己所用。

这样能为你自己积累知识和经验，等到你去牵头负责项目的时候，就有了足够的储备和经验，立刻就能上手，知道从哪里开始，如何推进，有自信在领导面前展示自己对项目的看法和建议。

（五）从工作流程中学习

不管你从事的工作有多简单，除了知道如何操作之外，还要了解背后的原因,并思考如何在现有基础上提高效率,以及进一步改善流程的方法。

比如你负责市场分析,经常有销售部门的同事找你,请你提供行业的市场规模,竞争对手的动态分析等信息,这些临时性需求一旦提出,就会打断你手头在做的工作,影响工作计划和效率。

你了解到销售人员了解这些信息的目的是为了制订行业销售计划,对公司拓展新业务有帮助,所以你应该满足销售部提出来的需求。

但因为经常性的临时需求的确会干扰你的工作,于是你学习和参考公司当中的其他业务流程,也借鉴业内公司的做法,梳理出一个新的流程图,提交给领导进行审批。

当你拿着批准后的新流程去跟销售部沟通,经过几番说明和讨论,大家达成一致按照新的申请流程进行,你不但帮销售部门解决了问题,也避免了对自己工作的干扰。

(六)寻求他人帮助

工作中遇到无法解决的问题,你可以先自行研究和琢磨能否解决,如果还是无法解决,就要考虑寻求外部的帮助,比如找经验丰富的同事、上司或者业内人士请教。这是增长见识非常重要的一种方式。

不过,在你跟他们提出问题的时候,不要不做任何准备,笼统地提问,因为泛泛的问题,也无法得到有针对性的答案。

在寻求帮助时,你要清晰地阐述问题的前因后果,你曾经做过的尝试和结果,以及你现在的想法。这样会帮对方进行深度思考并可以挖掘出尽量多的相关信息和经验,那么你从这样的交流和帮助中将受益颇深。

（七）验证结果，教练别人

很多人学了很多知识，但仍然对工作帮助不大，这其实就是瞎学。正所谓："在战争中学习战争"，学习的过程中要实践，用实践结果验证所学内容，而不应该停留在纸上谈兵这个层面。

当你学会某些知识或掌握某项新技能后，最好能用自己的话和理解讲给别人听，甚至去教会别人，只有别人也听懂甚至学会了，才说明你真的记住和掌握了。

尤其如果你立志未来成为管理者，就更要清楚，一个人能不能成为管理者，你的教练能力至关重要，也就是要能教会和辅导别人如何做事、如何实践。

（八）建立工作的日常优化意识

做每一项工作，承担每一个项目，都要力求让自己每一次都进步一点点，不断提高工作质量。

你要思考：这个问题能不能更加简化？通过数据化的分析，能不能找到隐藏的问题？能不能提高同事之间的协作效率？以及站在上级角度思考，如何能最大化公司利益，等等。

通过对日常工作细节的把握，不断进行反思，持续进行改善，最终实现工作能力的拓展和提升。

善于优化工作的人，不仅在专业上提升很快，而且更容易在团队中脱颖而出，获得发展机会。

（九）从他人的失败或错误中学习

当身边同事出现错误或失败时，你作为旁观者不要在一旁看热闹，而要从中分析对方失败的原因，思考一下如果换作是自己，该如何寻找降低或者挽回损失的途径，探索避免重蹈覆辙的方法。

很多时候，你不需要把所有的坑亲自都走过一遍，只要职场上多留心，善于从别人遇到的困难、障碍和批评、责难中敏锐地发现学习机会，同样能获得宝贵的经验和教训，快速获得提升。

（十）随时动脑、动手学习

其实只要手勤、脑勤，就不会错过每天都可能面临的学习机会。

比如领导分配一个项目，你不要急于马上动手，应先去了解该项目相关的背景信息、过往案例、最新动态等内容，将类似项目的文章、图片、视频、论坛、教程等先快速浏览一遍，心里先有个大致的方向和框架，然后发现关键要素，相应问题的解决方法，再补充细节，最后制订项目计划，并解决问题。

记得有一次公司给我们部门开通了一个数据库账号，但因为是国外软件，大家都没使用过，因此有些犯难。

这个时候，有个下属小李自告奋勇说自己来试试，于是他快速学习如何使用，先逛了大量国内和国外网页论坛和利用免费账号不断模拟实验操作。

后来不到半天时间，他就找到了使用该软件的诀窍，这令我非常惊讶，认为小李善于积极主动思考解决问题，应该重点培养一下，后面就向他传授了我的很多经验，助力他快速成长。

快速上手学习并解决问题，才能适应这个不断变化的职场和社会。

这就是从身边实践工作中去学习的 10 个方法。你不需要立刻将所有方法全部应用，**先找到你做起来比较容易**，或者你目前的工作中会经常接触和使用的方法马上用起来，你就会发现自己慢慢地在充实和改进了。

综上所述，职场人的时间和精力非常有限，那些盲目、低效率的学习方式绝不是明智之举。

我们学习的目的是为了提升工作能力，做出优异成绩，获得认可和信任，追求更好的发展机遇。

如果你能认真践行本节的功利性学习法和身边实践学习的 10 个方法，你的学习一定会达到事半功倍的效果，将大大提升职场的学习效率，缩短进阶路径。

第三章

目标计划：
指明方向，凝聚焦点

设定目标两大方法，
方向明确更有动力

美国管理大师彼得·德鲁克说："目标决定一切。"

目标管理之所以如此重要，是因为：有了目标，你才会保持积极态度，才会知道坚持什么；有了目标，你才知道如何去整合所学的知识；有了目标，你才知道如何去充分地利用时间；有了目标，你才知道如何整合人脉并如何去运用这些资源。

毋庸置疑，在生活和工作中，做任何事情的时候，如果缺乏目标，就很容易陷入迷茫和焦虑中，不知道做什么；就算是开始做，也经常半途而废，人生失去动力和方向，得过且过。

试问这样的人生，跟咸鱼又有什么分别？

本节将带领你一起学习设定目标，进行目标管理，要点如下：

- 目标管理的两大关键问题。
- 设定目标的两个方法：
    - SMART 原则
    - 一分钟设定目标法

一、目标管理的两大关键问题

设定目标之前,我们要知道目标管理有两个非常关键的问题,分别是:

- 以终为始;
- 阶段性目标。

(一)什么是以终为始?

以终为始,是目标管理的核心,就是先明确目标,才能知道从哪里开始。

以终为始,不是以始为终,终在前,始在后。做任何事情之前,必须要先清楚你要朝向什么方向,实现什么目的,达到什么效果,产生哪些交付物,这样你就知道起点是什么,从哪里起步,才能更好地制订计划去实现这个目标,而不是漫无目的,走到哪里算哪里。

有句话说:"选择比努力更重要。"这就是在强调目标管理的重要性。在这里,"选择"是战略问题,重点是"做什么";而"努力"是战术问题,重点是如何做。

可见,如果你方向错了,导致选择错误,那么战术再好,其结果反而是越努力,离目标就越远。南辕北辙的故事说的就是这一点,正所谓:"成功者不断修正方法,失败者不断改变方向。"

当你缺乏目标或者目标不明确的时候,就会把时间浪费在很多无用的事情上,这些事情与你的能力积累和提升基本没什么关系;由于对未来也没有明确的规划,也就谈不上去结交与未来成就自己有关的朋友,更谈不上整合适合自己的人脉资源。

这就是为什么我们说目标管理的核心是:以终为始。

（二）阶段性目标

当对一件事情设定了一个明确的总目标后，由于时间、能力和资源等原因，你大概率并不能一步到位就能实现这个总目标，这个时候就需要去制定分阶段目标，并逐一实现每个阶段的目标，这样才能一步步顺利实现总目标。

这就好比每个人都希望自己能够成为一个卓越的人才一样，却又很清楚这并不能一蹴而就，需要经历几个关键的成长阶段。你要经过从平凡到优秀，从优秀到卓越的成长过程，普通人中几乎没有人能够跳跃这个过程。

同时，在不同的发展阶段，对人的知识结构、综合能力等方面的要求都有相对明显的差别。因此，为实现总体目标，就要先充分实现阶段性目标，并顺利到达下一个阶段。

在执行过程中，根据现实情况的变化，你可以对每个阶段的目标不断进行纠偏，对自己的心态、能量和状态也进行及时调整。

举个例子，你在制定职业规划时，目标是从一名普通的销售人员进阶成为销售总监。这可以说是你的总目标，那么你的阶段性目标可以如此表述：

- 用 1~2 年的时间，成为优秀的销售人员；
- 再用 2~3 年的时间，成为销售主管；
- 再用 2~3 年的时间，成为销售经理；
- 再用 3~5 年的时间，通过升职或跳槽成为销售总监。

以上分阶段目标，基本上是每 2 年要上一个台阶，意味着每一级岗位至少也要做满 2 年以上，并且要业绩突出。一步步夯实基础比急于求成的拔苗助长，更能获得有更强续航能力的职业价值。

当然这是举了一个简单的例子，根据所在行业或者公司的晋升路径和实际情况，你要制定更加实际可行的总目标和分阶段的职业目标。

一旦制定好职业发展目标，就要按照第一章做职业规划的方法，进一步制定各项能力的提高和发展计划，从容不迫实现职业理想。

二、设定目标的两个方法

（一）SMART 原则

SMART 原则，来自《管理的实践》这本书，指的是制定目标需要遵循的 5 项基本原则。它是 5 个英文单词首字母的组合，这 5 个字母分别代表着：

- S（Specific）目标是具体的；
- M（Measurable）目标是可以衡量的；
- A（Attainable）目标是可以达到的；
- R（Relevant）目标要和你的期待具有相关性；
- T（Time-bound）目标具有明确的截止期限。

SMART 原则，一方面用来判断你的期望是否合理，另一方面帮你把这种期望转化为量化的目标，让你能把目标思考得更为明晰清楚。

如果你用 SMART 原则来衡量我们在日常生活或工作中制定的目标，会发现其中很多是不合格的，比如：

- 只是某种念头或想法，过于宽泛不具体：不符合 S 原则；
- 没有具体的衡量标准或者标准模糊：不符合 M 原则；
- 好高骛远，不现实，不落地或不可能实现：不符合 A 原则；

- 跟你要实现的期望没关系：不符合 R 原则；
- 没有完成日期、截止时间：不符合 T 原则。

这些目标要么不符合以上其中一项原则，要么同时不符合几项原则，看上去更像是某个想法、概念或灵感。比如：我要减肥；我想成为作家；我想跑得快；我们今年业绩要更加优异……

反过来说，如果你制定的目标符合 SMART 原则的每一项，无疑对你采取实际行动且能顺利完成目标，将起着巨大的推动作用，也提供了安全的保障。

下面举一个例子，帮助你更好地理解和应用 SMART 原则。

小美将于次年 3 月迎来第一个宝宝，并决定由夫妇两个人亲自带娃，由两口之家成为三口之家，为此她现在要制订一份次年的年度目标和计划，主要从 4 个维度出发：个人健康、家庭生活、个人成长和职业发展。

小美在制订年度计划前，给自己定了这样的原则，很值得大家参考：量力而行，不要活得太累；先试行一下计划，有必要的话进行调整；用及时奖励战胜拖延。

1. 个人健康方面：

- 主要任务：产后恢复 & 产后瘦身；
- 目标：产后 6 个月内体重恢复到 51kg，腰围恢复到 64cm；
- 具体措施：坐月子完成后每周健身 3~4 次，每次 30~40 分钟。

2. 家庭生活方面：

- 育儿目标：全母乳喂养；每天用英文和宝宝交流半小时，提早磨耳朵；
- 生活习惯目标：养成极简习惯，上半年不买新衣服；母婴类用品理性购买；清理衣橱，重点保留基本款；节日、纪念日不买礼物，用体验代替（比如下厨、做蛋糕、手工等）；家务活明确分工。

3. 个人成长方面：

- 目标：1~2 月完成一个学习主题；每月读完 1~2 本书（多看英文原版）；每周至少看 1 部电影，并记录观后感；每天学习 10 分钟得到专栏；每周拍摄至少 3 张生活记录类照片，并在微博等平台进行更新；
- 输入渠道：知识类 App、书籍、电影、优质公众号等（有详细的 Excel 清单）。

4. 职业发展方面：

- 目标：重返职场后 6 个月内得到升职机会；
- 具体措施：产假期间跟直线领导定期沟通；提前熟悉新岗位内容，入职后立刻进入工作状态；充分跟领导沟通获得大项目机会；坚持每周做个人复盘总结。

看了这份年度目标和计划，是不是符合 SMART 原则，非常清晰、可执行、可量化、有时效，让人充满动力，分分钟就想动起来？

现在，我建议你将 SMART 原则运用起来，去衡量自己每周、每月、每年的计划或目标，看看它们是不是具体的？是不是可以在一段时间里面去衡量的？是不是在你的能力范围内能达到的？是不是跟你的期望相符合？目标是不是有明确的时间？

（二）一分钟目标设定法

SMART 方法主要用于你主动为自己设定目标的情形。而职场上你还会经常遇到这种情形，上司通知你需要做某些工作，或者你们双方一起商量需要做一些工作。这个时候，就不是你一个人设定目标，你需要跟上司一起将这些工作的目标记录下来。

这里推荐运用"一分钟目标设定法"，该方法来源于《一分钟经理人》这本书。因为普通人一分钟之内能阅读完的字数不超过250个字，所以你对这个目标完成标准的描述也不要超过250个字。

当你写好后，将这个目标发邮件给上司，或者将其打印出来，你跟上司各一份。你们就根据这个目标定期回顾和复盘，检查工作的方向是否跑偏，并评估工作的进度是否达到期望，以及设定实现目标的策略和路径。

有了这份目标，你和上司对你的工作重点是什么将非常清晰，通过一分钟目标把工作任务和责任交代清楚，避免出现上、下级对工作任务或者目标有不同理解的情况，因为你们两个从一开始就知道做这项工作要得到什么样的结果。

设定一分钟目标需要4步：

第一步：双方共同制定工作目标，明确工作标准

这一步有五个注意事项：

- 员工和上司双方一起参与制定目标，不是上司一个人单方面给员工制定；
- 用清楚简洁的语言描述工作目标，不要啰唆、事无巨细；
- 制定这项工作的关键目标，而不是大小所有目标；
- 尽量将完成结果的标准进行量化，可衡量；
- 如果包含几项工作，要为每一项工作都制定目标，且各单独写在一页纸上。

第二步：写下每个目标的完成期限

与 SMART 原则一样，当你为每一项工作制定工作目标的时候，也要写上完成期限或截止日期。如果没有时间限制，就可能无限期做下去，不利于执行，也就不会完成目标。

为了让工作进展可视化，你也可以在工作计划里将工作目标分解成小目标，然后标注工作进度，比如完成第一个小目标时，进度是 20%；完成第二个小目标的时候，进度是 50% 等。

第三步：审视自己的表现和目标进展情况

每天结束工作前，建议你花几分钟时间回顾自己的工作进度和目标完成情况。比如检查自己一天的工作表现是否积极主动、充满动力；检查所做的事情是否与目标的执行高度相关；精力是否聚焦在关键目标的实现上，没有浪费在其他杂事上。

之所以要检查自己的精力投入情况，以及你有没有尽力排除干扰，是因为一个人的**工作绩效 = 能力 - 干扰**。道理很简单，干扰越小，绩效越大。

比如，按照计划，你今天计划完成的工作目标是：写出产品策划方案。围绕着这个目标，你需要做的工作包括：

- 找技术部同事交流，听取他们的意见；
- 跟销售部同事聊天，了解用户的需求、痛点；
- 召开一个跨部门会议，成员间进行头脑风暴，由你将建议收集起来。

显然，你投入在以上这些工作上的精力非常聚焦，干扰很小。

但如果你没有做这些事情，反而一直在应付来自财务部、产品部同事的其他合作请求，就是一种干扰，肯定没有精力做聚焦性质的工作。

第四步：目标完成不佳时，要及时反思和调整行为

当你发现目标完成的进度出现问题，比如延误、停滞、跑偏时，就要立即反思自己的工作还有哪些细节需要改善，并及时做出修正，调整你的工作行为和状态。

举个例子，我的私教学员 Linda 找我进行辅导，她说自己的团队没有达成目标，不知道该怎么办。

事情的经过是这样的：5 月公司上市新产品，她的团队制定了月度新品业绩完成目标：要在 7 月底完成新品销售额超过 1000 万的目标。

在工作中，Linda 虽然跟进了计划目标，但都只是问一下进度，而没有了解团队成员是否有目标客户和适合的项目，没有给到他们及时的指导；到 7 月底节点到时，才发现距离销售额还差 200 万。

根据询问和分析，我发现之所以发生以上情形，最主要的原因是 Linda 对这个重要目标的进度检查和跟进并不到位，出现问题也没有及时反馈对策。同时，设定的目标并不是她跟下属一起商量讨论出来的，都是 Linda 的一个人的意见。

因为没有考虑到客户和项目的储备量是否充足，新品如何替代老产品，如何完成新品的激励措施等，导致下属对任务目标的响应积极性及重视程度不高，没有发挥出积极性来。

于是，我建议 Linda 运用"一分钟目标设定法"帮助团队完成目标。她迅速落实，每周一下午跟团队成员开会，要求大家按照一分钟目标的四步法做每周工作计划，具体做法如下：

1. 跟团队成员共同制定工作目标

跟下属一起把每周的目标都定好，比如：列出潜在目标客户、潜在项目清单；寄送样品给客户试用；去客户处拜访和宣讲；协调物流、售后等。

2. 把目标的完成时间写出来

将各任务的完成日期写在便利贴上，并张贴到团队成员的工作格子间，进行提示。比如："一周内提交客户清单，需包含至少 50 个客户"这样的目标。

3. 检查工作进展和进度

要求成员检查自己的一天的工作表现，即今天的工作内容是否与目标一致，目标的完成进度是多少，并汇报给 Linda。

比如：今天完成了对潜在客户的新产品介绍或宣讲，目标完成进度 30%。

4. 目标完成出现状况，及时改进和调整

比如，潜在客户只有 30 名，不足目标 50 名，那就需要上网查询，广泛搜集客户和项目信息，掌握更多线索，打电话进一步锁定潜在客户。

一分钟目标设定法之所以有效，道理很简单，是因为人们行动的最大动力来自结果的反馈。有了反馈，就知道进度在哪里，问题出现在哪里，下一步该如何改进；而如果没有反馈，就没有进步。反馈可以让人们不断前进。

综上，SMART 原则和一分钟目标设定法是两个重要的目标管理的方法。前者用于你自己一个人做某件事情的时候，设定具体可量化的目标；后者则主要用于你需要跟他人双方协调一致做某件事时来进行目标的设定和检查。

设定目标，能让一个人非常聚焦。

当你面对外部纷繁复杂的信息，大脑一直在不停运转，这些信息会源源不断地涌入你的大脑，占据记忆和专注力的空间。如果你没有目标，你根本不知道大脑应该把焦点放在哪个地方，就很容易被其他内容所吸引并耗费精力；而如果你有清晰的目标，就能过滤掉对目标达成无关甚至阻碍实现目标的事物，而把时间和精力集中在关键目标上。

设定目标，能让人不做无谓的努力。

没有目标，人会失去前进的方向，所做的一切努力也就容易变得不连贯，甚至混乱不清；而当你有了目标做指引，就能将注意力高度集中于每天要完成的任务，避免徒劳无功和低效努力。

设定目标，才有可能去审视，检查和跟踪目标达成之路的进展程度。

有进展，就能看到差距，看到希望，并认识到尽管暂时还在目标实现的路上，没有抵达理想之地，但你却一直行走在正确的方向上，而且比出发时已经进步太多。

制订计划的5大工具，
让目标清晰可达

职场上的工作形式一般有两种类型：

第一种：**"等事做"**，就是下属等待上级安排工作，如果领导不安排，自己就不知道做什么，这是一种消极式的工作；

第二种：**"找事做"**，就是下属不等上级安排，就能根据自己的工作职责和目标，主动计划工作内容，这是一种积极式的工作。

想要在工作中创造价值，让自己的能力被上司认可，获得更好的发展机会，显然第二种工作方式会更受领导欢迎。

"找事做"的前提是，你要非常清楚自己的工作目标，然后去做计划。我们在上一节已经学习了如何制定目标，那么在目标确定以后，接下来这一节就要学习制订计划。也就是采取什么措施和方法能达成目标，即"选择什么路径到山顶"。

古人云："凡事预则立，不预则废。"这里所谓的"预"是指事前准备，所谓的"立"就是成功，所谓的"废"就是失败。可见，如果希望取得自己想要的结果，就需要做准备，离不开一份周密的计划。本节将学习跟工作计划有关的内容，要点如下：

- 工作计划八大要素；
- 制订计划的五大工具；
- 制订计划容易出现的误区；
- 计划出现漏洞和失败的原因。

一、工作计划八大要素

当你要为一个项目或者某项任务制作执行计划的时候，通常需要包含如下8个要素（5W3H）：

- Who：谁去做？

项目涉及多个成员，所以要明确项目总负责人是谁，每个子任务的负责人是谁，需要哪些成员进行配合，彼此如何分工。

- When：什么时候做？

该项目什么时候开始，完成日期是什么？过程中是否需要设立里程碑事件和时间。要有总的时限，又要有每个阶段的时间要求，针对每一个细分任务设定各自的起止日期和所需完成时间。

只有这样，项目成员才知道在一定的时间内，一定的条件下，需要把工作做到什么程度，以便争取主动，有条不紊地协调进行。

- What：做什么？

计划应规定出在一定时间内所完成的目标、任务和应达到的要求。任务和要求应该具体明确，有的还要定出数量、质量和时间要求。

- Where：在哪里做？

实施该计划是否有地点和位置的要求，是否涉及跨城市、跨地区、转换到其他场地等。如果有，就要明确标注出来。

- Why：为什么做？

要让成员明白该任务或项目的背景，为什么要发起，以便获得大家的一致认同和充分理解。

- How：怎么做？

实现计划顺利进行，就要采取相应的行动，制定措施和方法推进。具体指达到既定目标需要采取什么手段，动员哪些力量与资源，创造什么条件，排除哪些困难等。

要将"怎么做"写得明确具体，落地可行，尤其针对存在问题的分析，要想出解决问题的有效方法。没有实现计划的具体保障措施和补救措施，是纸上的计划，再完善也只是"画饼"。

- How many：做多少？

该任务需要完成的总体数量以及每个阶段、每个子任务分别要完成的数量是多少，比如销售额、客户数量、对外打多少个销售电话等。

- How much：花多少钱？

如果该项目涉及花钱，那么就要明确整体预算是多少，并报上级审批同意。

按照如上 8 个要素检查你的计划，查缺补漏，就会使得计划更加完整、周密，更能落地。

另外，工作计划需要进行动态调整，当你在计划执行过程中，发现偏离或违背了工作目标，就要及时做出调整或纠正后再继续前进，不能为了计划而计划。

制订计划时,对于每项任务哪些先干哪些后干、所需时间、负责人员、轻重缓急等要进行合理安排。

二、制订计划的五大工具

针对不同项目和任务的特点,需要运用不同的方法编制计划,除了在上一节学到的 SMART 目标原则能用来制订行动计划,我再列举五个实用的工具和方法:

(一)任务分解法

适用场景:针对某一个具体的项目,将其包含的任务模块一层层分解下去,以便对项目细节进行有效管理。

举个例子:你们团队要举办新产品研讨会,邀请目标客户参加。

这个研讨会包括日程安排、客户邀请、场地搭建、后勤支持等四个一级主要任务模块。当然这里进行了简化,在实际工作中任务可能会更多,比如还包括内容策划、现场接待、礼物准备、样品展示、宣传资料等,这里就不详细列出了。

针对每一项一级任务,继续往下细分为二级任务,比如客户邀请细分为拟邀请单、电话邀请、确认出席、寄送邀请函等;接着针对二级子任务继续往下细分到三级,并落实到具体责任人。这样就能避免遗漏细节,保证项目顺利进行。

公司中的其他活动,比如年会、员工大会、经理论坛等,都能当作一个项目来计划,这样就能使任务的完成变得井井有条。

第三章 目标计划：指明方向，凝聚焦点

新产品研讨会计划表		
一级任务	二级任务	三级任务
日程安排	撰写会议日程草稿	×××
		×××
		×××
	跟领导讨论并确定最终日程安排	×××
		×××
	跟内部演讲者确认行程	×××
		×××
		×××
客户邀请	收集和确定拟邀请单	×××
		×××
	销售人员进行电话邀请	×××
		×××
	跟客户确认是否出席	×××
		×××
	开始寄送邀请函	×××
		×××
场地搭建	×××	×××
	×××	×××
后勤支持	×××	×××
	×××	×××

任务分解法示例

（二）滚动计划法

适用场景：在一定时期内执行原计划后，根据执行的效果以及发生的外部变化，需要对原计划中还未执行的部分，也就是未来的计划进行调整和修订，按照"近细远粗"的原则逐步向前推动。

举个例子：你们公司在 2022 年底制订了 2023—2027 年的未来五年计划。

到 2023 年底，公司根据 2023 年全年计划完成的实际情况和客观

条件的变化，对之前制订的五年计划进行了必要的调整，并在此基础上继续编制 2024—2028 年的五年计划。以后每年年初都依次类推，使中长期计划与年度计划紧密地衔接起来。

滚动计划法示例

滚动计划法既能用于制订年度计划，同样也能用于制订季度和月度计划，按季、月滚动调整。

（三）甘特图计划法（Gantt Chart）

甘特图又称横道图、条状图，是由美国学者甘特发明的。**通过线条图来显示项目、进度，和其他时间相关的项目进展的内在关系，是非常直观的计划方法。**

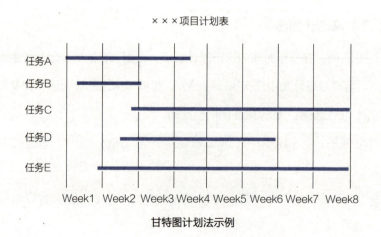

甘特图计划法示例

在甘特图中，横轴表示时间刻度，纵轴表示计划的活动项目，线条表示在整个期间内计划和实际的活动完成情况。

在甘特图中，不同任务的起止时间，用不同线条标识出来，可以很清楚地看到某时刻的计划进度，再根据计划调整实际工作。

（四）思维导图计划法

我们在本书前面学过了思维导图法，除了用于高效学习，这个方法同样可以用于制作计划。

因为它能用图文并重的技巧，把各级主题的关系用相互隶属与相关的层级图表现出来，把主题关键词与图像、颜色等建立记忆链接，所以也适用于做计划。

比如，运用思维导图法制订一份度假旅行计划，就可以将诸如目的地、准备事宜、出发信息、景点选择，路线规划、返回安排等一系列的计划事项画在第一层分支，每一项还可以继续往下细分。利用图文的形式，你的度假旅行计划将非常详细、直观，一目了然。

具体制作方法你可以参考第二章第二节内容。

（五）项目计划法

除了上述四个常用方法，还可以利用Project2013编制软件做计划。

编制要点是，列出项目的主要工作和任务清单，包括项目划分的各个实施阶段、每个阶段的工作重点和任务、完成本阶段工作任务的人力资源需求及时间限制、项目实施过程中对风险、疑难、不可预见因素等问题的处理机制、各任务组及团队成员之间的组织协调关系，等等。

该方法适用于非常复杂的项目，比如涉及更多的部门配合，以及有风险

控制和预算分配的项目。

以上五个制订计划的工具没有优劣之分，你只需根据不同的工作任务要求，以及各个工具的特点，选择其中合适的方法来使用，助力你少走弯路，整合资源，帮助你达成目标，提高效率和效能。

三、制订计划容易出现的误区

误区1：每天等着上司安排工作。

这就是典型的"等事做"，被动等待领导安排，缺乏主观积极性，认为不需要做计划。其实，每个员工都有需要完成的本职工作，每个岗位也都有明确的工作范围和内容。

对于常规性工作，不需要领导特意交代，要主动将未来的计划做出来给领导过目；对于临时被指派的任务，也要根据领导对项目的期望和要求，尽快将执行任务的计划做出来，跟领导进行讨论和确认。

总之，无论哪一种情形，你都需要掌握制订计划的方法，用恰当的形式展示给领导。

误区2：拷贝同事的计划或者请其代劳。

某些员工在公司工作时间长了，就变得油滑懒散。领导交代的任务，自己不思考，就找其他同事帮着应付写一些简单的计划，或者随便拿一个同事的抄一下直接用，他们觉得没必要费脑子自己做计划。

其实这是非常危险的，一方面是长此以往，别人也会对此心怀不满有意见，如果将情况反映到领导那里，抄计划的人就会很被动；另外，工作之间也存在着大小不同的差异点，直接用别人做好的，容易造成"张冠李戴"的情形，导致自己负责的工作出笑话，被领导批评。

另外，不做计划，自己的大脑也会变得越来越懒甚至退化，自己的职场能力也会越来越差。

误区 3：不知道怎么做计划，干脆就不做了。

有些新人不懂如何做计划，也不去自学或者向其他人请教，于是工作的时候，得过且过，用应付的态度对待工作，因此走一步算一步，没有工作计划，缺乏系统性和规划性。

不懂不会就要学习，最简单的就是，看到其他优秀同事的计划，你就可以借鉴和学习其模板，经过分析和研究，进行删减或增补内容，调整为适合自己的计划，这是最快的学习方式。

总之，你不能总是以自己没学过为理由拒绝做计划。

误区 4：工作忙，没时间做计划。

这是很多人的惯常理由，认为做计划就是纸上谈兵，不如直接去执行。其实这是对做计划的极大误解。你越是忙，越要做计划。这样可以理顺各项工作之间的关系，既有全局观，又对各个细分任务了然于胸。

不做计划就盲目动手，很可能发生"做得越多，错得越多"的情形，因为没有事先做好筹划，导致返工重做；或者做了很多无用功，既耽误了时间，影响了进度，工作质量更是无法得到保证。

误区 5：心里有计划的大致轮廓，没必要写出来。

这类人的普遍想法是：我自己心里有计划，但没必要写出来，能做到心里有数就行了。

将计划落实到笔头的目的，一方面是可以定期拿出来查看或者补充，避免遗忘和跑偏；另一方面，纸面计划也是在用可视化的方式跟同事交流，向领导汇报。

就算你脑子里想得很清楚，别人也更倾向于能看到书面计划，这样可以帮助他们迅速了解你的计划，并提出改进建议。

误区6：不会使用电脑或软件，所以不做计划了。

这个理由可以说非常牵强了，不会操作电脑没关系，你只需拿出一张白纸就可以做出一份清晰的计划，关键是你要不要去做而已。

四、导致计划出现漏洞和失败的原因

制订计划以及执行计划过程中，会因为不同原因导致出现错误、漏洞甚至失败。下面就分析一些具体原因及应对措施：

（一）制定了目标，却无衡量标准

在工作中设立目标以后，还是做到哪儿就算哪儿，且对于出现延误、亏损、没有达标的情况，不督促、不纠偏，甚至熟视无睹，见怪不怪，那么目标也就形同虚设。

在制定目标的同时，一定要设定检验目标的衡量标准，把衡量标准明确地告诉大家，或者大家一起讨论出彼此都认同的标准，不折不扣地去执行。

（二）虽然有衡量，却没有进一步量化

设定了目标和衡量标准，但对于如何衡量表达得非常含糊，比如写着："尽量完成""更好地提高""正常推进""努力完成""尽可能改进"等类似表达方式，但却并没有说明做到什么程度算"尽量完成"，提高多少叫"更好地提高"，改进到什么地步叫"尽可能改进"。

其实，你可以这样表述："完成销售额 500 万""增长率提高 15%"，或者"费用降低 50 万元"等量化指标。

另外，没有量化还体现在制订的计划中看不到重点。比如需要在每个月需完成的任务中，列出哪 1~2 项是最为关键，最重点的。如果没有重点，就不可能真正地把资源安排好。资源永远都是宝贵的，我们肯定要把资源优先投入到最为重点的地方，才能最大化公司的利益。

因此，一定要把衡量目标的标准进行量化，才可以安排匹配的资源。

（三）重总结过去，轻未来行动

有些部门在召开工作汇报会，尤其月度、季度会议时，大家的重心都在总结过去的成就上，花费很多时间做上一阶段的总结，却很少拿出时间来做下个周期的行动计划和安排。

回顾过去当然重要，但也要更好地指导未来。如果发现总结出当下的业绩与既定计划的差异非常大，就要分析差异存在的原因以及问题所在，然后改进计划，立即行动弥补和缩小差距，没有下一步的行动安排，再漂亮的总结也毫无意义。

（四）计划过于臃肿，导致无法完成

有些人做计划，经常填充太多内容，将计划塞得满满当当，看似事无巨细，其实过于臃肿，执行起来就非常困难。

事情太多，没有重点，不仅会耗费大量时间和精力，而且在执行过程中一旦出现突发情况，就会导致计划出现异常以及青黄不接，产生多

米诺骨牌效应，最终崩盘。

所以制订计划可以考虑得全面，但一定要有重点和优先级，或者分阶段一步步去实现。

（五）目标订立太高，与自身能力不匹配

人总是容易高估自己的实际能力，有些计划目标定得过高或者脱离现实，对自我预期过高，结果一旦执行起来，发现力不从心，完全无法实现目标。

比如，有的销售人员明明对新区域并不熟悉，却拍胸脯说自己一个月能做到 1000 万的销售业绩。在这一个月期间，虽然他跑了很多客户和渠道，但因为彼此的关系刚刚建立，客户对销售人员的信任感没有培养起来，就委婉拒绝了合作机会，从而导致自己灰心丧气，产生巨大的挫败感，然后就放弃了。

所以，订立目标的时候，要考虑自身能力的客观情况，以及能力与目标的匹配度，既不要好高骛远，也要具有现实可行性。

（六）制订计划时内在动力不足，导致失败

如果一个人做计划的时候，对完成这件事情是为了达成什么目的，为什么要完成这个任务或项目，自己从中能否体现个人价值这些方面都一无所知，就稀里糊涂地做完计划，那么做的过程中一旦遇到问题，就容易打退堂鼓，没有动力继续。

所以，制定计划之初，花费一定时间认真思考自己为什么要完成这项任务或这个项目是非常必要的。它可以来自上级领导的要求或意图，也可以来自你对该任务或项目本身的理解或认可，那么在执行阶段，

哪怕出现困难，你也会内心笃定，动力十足，迎接挑战，解决问题。

综上，仅有目标，没有计划，有如空中楼阁，无法落地，哪怕目标制定得再科学、再合理，也无法帮助最终实现目标。

所以，只有运用合适的工具设计出与目标相匹配的计划，才能让目标落实到每一个具体的行动中，减少不可预见的阻碍和危机产生的可能性，推动工作或事情往前发展。

实施目标和计划时，这么做轻松避免半途而废

有些读者经常跟我诉苦，说自己信心满满地制订了目标和计划，但之后要么将计划束之高阁，要么执行计划的时候三分钟热度，执行不下去，经常半途而废，最终的结果就是放弃计划，没有完成本来应该完成的事情。

他们为此十分焦虑，找我咨询请教，询问是否有好的方法能有效避免这种情况再次发生？

这些读者的苦恼是生活中很多人在面对目标和计划执行失败时的真实写照。这一节就主要分享如何才能解决半途而废的问题，要点如下：

- 半途而废的原因；
- 如何应对心理波动；
- 5种方法避免半途而废。

一、半途而废的原因

（一）目标设定不切合实际

如果你制定了一个不可能实现的目标，那么做再完美的计划也毫无

意义，因为终究实现不了，甚至在进入执行阶段后，也会因为实在无力继续下去而半途而废，这个时候，人通常会找各种各样冠冕堂皇的理由来原谅自己。

那么是什么原因导致目标不切实际呢？

原因一：对时间的敏感度不够

对于同一段时间维度的长短认知，每个人的敏感度是不一样的。一年时间，有的人觉得很长，而有的人又会觉得很短，这就导致在制订计划的时间维度上，会出现针对同一个期间完成的任务量多少，不同的人的感知和决定不同的情况。

比如在制定年度目标时，起初你感觉时间非常充足，有很多时间去完成目标，但当你将年度总目标分解成小目标，并精确到每周要完成什么任务时，才发现一周根本做不完那么多事情，于是要去删减不合理的目标和任务，甚至更改总目标。

另外，有些人缺乏时间灵敏度，还体现在他们不太在意和珍视时间，总以为时间还有很多，一有时间就打打游戏、刷刷视频，时间就这样一点一滴被荒废过去，猛然发现计划的截止日期近在眼前，因此懊恼不已。

原因二：对要做的事项缺乏了解

假如你对某件事情没有做过深入了解，设定的目标就会不切实际。比如，领导指派你销售刚上市的新产品，但你仅仅根据自己的过往业绩设定了一个销售目标。

其实这个目标并不靠谱，因为你对新产品是否真有竞争力，价格是否有优势，目标用户是否真的感兴趣等并没有做过深入调研，这样怎么可能顺利完成目标呢？

原因三：对执行力评估不足

一般来说，人们设定在某个时间内完成目标，是假定一切在高效率的情况下运转，完全忽略会发生拖延，或者因为发生特殊情况所造成的时间损失。

但事实是，人不仅会产生惰性，也会遇到自己无法掌控的事情，并不能做到每时每刻都能保证任务的高效进行以及完成。

在充分考虑和客观评估自己的执行力以及可预见的阻碍的基础上，给计划的时间留出一个余地是比较现实的做法。

当然，也要注意战线越长，突变因素越多，越不利于目标的实现；而完成时间若是设得太近也不合理，有点破釜沉舟的感觉，不容自己有任何闪失，以及应对突发情况的余地。如果真发生这些情形，就会让人很容易泄气，这种设定也是不合理的。

（二）只想着大目标，缺乏"过程管理"

针对任何一个项目或者任务，要非常清楚其最终要实现的大目标，这没有错。但如果只看大目标，而忽略分阶段、分任务的分解目标的实现，容易导致对整体进展没有把握，直到截止时间快到了，才会发现距离目标差距仍旧很大。

所以，一定要注重"过程管理"，紧盯计划的具体执行步骤，检查阶段目标和行动的进展，避免中途放弃。

从开始执行到最终实现的过程中，你可以设几个关键的时间点，用以检验自己目标完成的进度和成效，为总目标的实现做一个客观的进度条。

举一个简单的例子，如果你的目标是"今年上半年学习1000个新的英语单词",你就可以将这个大目标分解到每月、每周,甚至每一天。到了"每一天",基本已经到了时间刻度很小的单位了,这样你就能制订出每天至少背5个单词的计划来。

然后你可以做一个进度条,在每一个时间节点,比如每周、每月,来检验自己阶段性的目标是否完成,进度是否如期进行,你就会非常清晰距离目标还有多远。

有了可视化进度条的辅助,定期对过程中步骤的检视,不但保证了计划执行的效率,同时当你走神或者懈怠时,也可以给自己一点点压力,以督促自己在规定的时间内完成目标。

将"结果导向"转换为"过程导向",去享受自己一步步接近目标的过程,而非让自己去"忍受""坚持"这个过程。目标不是为了制定而制定的,一个无法完成的目标没有任何意义。

(三)没有看到正向反馈

在执行计划的过程中,有些人会觉得坚持做一件事太辛苦了,或者觉得没有耐心看到自己努力的成果,这样就使得计划无法继续下去。

导致这种现象的原因是自己没有去寻找激励因素,那么一旦遇到困难或者懈怠,就会在屡次打击下丧失兴趣,更别说去保证自己对于计划的执行力了。

其实,就如同那些让人欲罢不能的闯关游戏一样,激励并不一定完全来源于结果。**过程中的每一次进步、每一次反馈、每一个小目标的完成,都可以变成一个激励来源。**

所以,跟上一点"过程管理"相关联的是,当你完成每一个小目标的时候,虽然它并不必然意味着业绩有明显的大幅上扬,更不意味着总目标一定实现，但却能证明自己确实比过去更进了一步。

你可以用一定的方式奖励自己的每一次小进步，给自己正向反馈，激励自己。比如，去吃顿大餐，看一场电影，给自己买一个小礼物等。

二、如何应对心理波动？

目标经常无法达成，除了因为以上人群各自的性格缺陷、认知受限导致外，还与目标达成过程中个体的心理波动有关。

通往目标达成的路上，按照计划执行时间的先后顺序，你会经历不同的心理阶段，在每个阶段，由于激情和干劲不同，人会产生不同的心理波动。

我们将这种心理波动分为四个阶段：高涨期、低谷期、持续期和加速期，如下图所示：

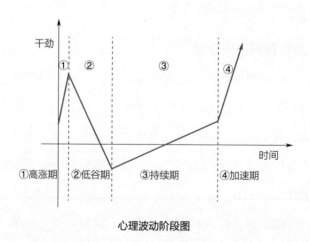

心理波动阶段图

第一阶段：高涨期

设立目标的开始阶段，就是高涨期。在此期间，个人充满干劲，意愿非常高涨，似乎对目标的完成志在必得。但一两周之后，这种强烈的意愿会开始减轻、消退。

应对策略：

在本阶段，为了保持高昂的斗志以及战胜未来困难的决心，为自己设计一幅目标达成后的美好愿景，比如到时候跟同事一起开庆功宴，奖励自己一次出国旅行等。同时，你要将关键成功要素和所需完成的重要事项列出来加深印象。

举个例子，你现在被委任牵头负责一个跨部门的合作任务，你畅想任务成功完成后，会得到上司和大领导的认可，获得他们的信任，同时你也为自己在这个项目实施过程中得到的能力锻炼和成长而开心。

因此，你罗列出想要使这个跨部门项目圆满完成，需要做这样几项关键工作：制定项目进度表、跟跨部门成员充分交流，得到他们的支持；定期向上司汇报进展；监督检查项目进度等事项。

第二阶段：低谷期

高涨期之后，人们的意愿开始降低，加上可能开始遇到一些棘手问题或阻力，对目标的实现开始产生怀疑，淡化甚至忘记。他们也会呈现出无能为力，垂头丧气的样子，这就进入了"低谷期"，心理状态跌入低谷。

这种状态通常会持续一个月左右，因为没有达成目标，这类人就开始推诿，寻找各种理由为自己开脱，比如时间太紧，自己太忙、太累，虽然表面上他们会说继续努力，但行动上却没有新的动作。

应对策略：

在本阶段，当计划开始进入稳步推进的过程中，各种问题可能会开始出现，往往会令你眉头一皱或者感到无奈。遇到低谷和挫折很正常，关键在于不要惧怕挫折或者被挫折击败，要去总结确认上一阶段各项事项的执行进度，并分析行动受阻的原因，以便调整行为，或者采取恰当的弥补措施。

还是以上面的跨部门合作为例，完成这个任务需要做的重要工作之一是跟跨部门成员充分交流，得到他们的支持，但你发现大多数来自其他部门的同事并不积极，也不配合，你就要去沟通并做调研，找出到底原因出在什么地方。

是自己没有跟跨部门成员处理好人际关系？没有考虑到他们的本职工作会占据较多时间？没有考虑到项目对他们有什么益处？自己没有向他们讲清楚该项目的重要性？只有了解了原因，你才知道如何解决问题，减少阻力，好让自己顺利跨过低谷期。

比如，跟有些跨部门成员不熟悉，人际关系欠佳，那么你就跟他们通过安排一对一交谈、一起吃工作餐或者下班后一起打球等方式加强彼此间的交流。

第三阶段：持续期

该阶段是也是达成目标最关键的阶段，这个时候要把分解下来的每个阶段的小目标、小任务一件件地去完成，给自己正向反馈，慢慢建立自信，本阶段大概持续1~3个月。

应对策略：

在本阶段，专注于将每一个具体事项和小任务落实到位，去发现是否有更好的方案，是否有更高效的流程，并且记录下来付诸实践，用两三周的时间实施以验证是否可行。如果可行，就进行推广，让计划的实施得到持续地推进。

第四阶段：加速期

在上一个阶段建立起来自信后，就要加快进程，集中精力围绕主要目标往前推进计划的实施，不要再为琐碎无效的事情分心。

应对策略：

本阶段的重点是要重塑信心，关注关键事项和任务的达成进度，同时查缺补漏，确认是否有一些事项是处于延误、待办状态或者需要审批的，要抓紧时间想出解决办法向着目标的达成加快推进直至完成。

普通人在制定完目标，开始实施计划的过程中，一般都要经历以上四个心理波动的阶段，这并不需要回避和否认。但关键是**在每个阶段到来时，你需要能针对其特点扬长避短，缩短低谷期的时间及降低其带来的负面影响，发挥其他三个阶段的促进作用，顺利达成目标。**

三、5种方法避免半途而废

除了在心理上采取针对性策略应对心理波动，减少目标达成路上的半途而废，你还可以运用如下五种方法，让目标更容易坚持和执行。

（一）为这件事赋予重大意义

你在开始执行计划前，可以认真思考为这件事赋予重大意义。

举个例子，你打算提高自己的演讲水平，如果只是想着用于以后在部门会议发言时表达得更加流利，这就不一定能坚持下来。因为这是锦上添花的事，你现在也能做到完整表达，只是不够系统化，不够吸引人而已。

但如果你认识到演讲水平会帮你在未来获得更多的曝光机会，在各个场合留下好印象，同时当自己走向领导岗位的时候，演讲能力更是不可或缺的重要技能，所以现在就应该开始学习，经常训练，到时就会成为演讲高手，成为自己进阶之路的加分项。

在这个层面和高度上思考提高演讲水平一事，你就会觉得这件事非常有价值,值得自己付出精力和时间去做。

(二)强化"使命必达"思维

"使命必达",就是你对完成目标充满信心,告诉自己必须完成。你可能对如此肯定的说法持怀疑态度。

这种怀疑当然有其合理性,哪有什么事情是必须完成的呢?想要实现目标,有许多不可控因素,同时也出于人性的弱点使然,你会对自己的意志力画一个问号。

其实,你要客观看待这里说的"使命必达",它是有一个前提条件的,就是在设定目标的时候,你已经进行过认真的评估和研究,设定的是一个比较合理的、经过努力和坚持,一定能完成的目标,而不是非常离谱、不切实际的目标。

强化"不论现状有多糟糕,都一定要达到预期目标"的思维方式。就好像你无论多忙多累,出门前一定会刷牙洗脸;无论下雨还是刮风,你也一定会按时上班一样。

(三)立刻说出"当下目标"

制定好的目标并不能自动地被牢记在你的脑海里,但如果你能随时随地、毫不迟疑地将这个目标说出来,就说明它已经走进你的心里,你对完成这个目标有了使命感和担当意识。

立刻说出当下目标,看似容易,但很多人却做不到。我们来做个测试:此时此刻,你能够像说出自己的年龄一样,毫不犹豫地说出你手头在做事情的具体目标吗?相信很多人可能会支支吾吾,啰唆说不清,语焉不详。

这里说的当下目标,不能是喊口号或者非常空泛,应该是有关键行动的具体目标。

比如，当你能脱口而出"这个月我要减肥5斤，为此我打算每天跑步1小时"这样的具体目标，就能让想要实现减肥这件事，在你的脑海里真正确立和清晰起来，你会非常有意愿且自觉地将完成目标变成理所当然的事情。

"这个月我要减肥5斤，为此我打算每天跑步1小时"，要比"这个月我要减肥"的说法更能让你明白为了达到目标，你应该毫不犹豫地去做什么。

（四）通过社交进行学习

当你学习新知识或者某项新技能的时候，可以想尽一切办法去寻找跟你一样在做这件事，或者已经拥有这些知识或技能的人或人群。

花时间跟他们一起行动，一起做事，一起思考，一起讨论。有了同伴的陪伴和引领，你不会感到孤独或艰难，会更有坚持下去的意愿。

当然，如果没办法与他们在一起当面交流，也可以通过网络或社交软件时刻关注他们，与他们彼此分享和交流。

（五）用"逆向思维"替代消极心态

大多数人在完成目标的过程中，会不由自主地产生拖延情绪或放弃，他们的理由是：因为没有动力，所以不想动。

没有动力是源于似乎必须克服千难万苦，才能够做成事，这就产生了畏难情绪，而一旦有了这种情绪，选择放弃就成了必选项。

所以，想要使自己在执行过程中，更容易坚持下去，就要转变思维模式，用"逆向思维"替代消极心态。

所谓"逆向思维"的意思是，将"因为A，所以B"，转变为"因为 B，所以 A"的思维。

如何能实现这种转变呢？你要在做这件事的过程中，为自己找到更多**有价值、有意义、对自己有好处的地方**。举两个简单的例子加以说明：

例子 1：原来的消极想法："缺少动力，所以我不想去做。"

当你回想以往完成目标和任务后，自己都充满了成就感和满足感，那么你用"逆向思维"后，想法就变成："正是因为要完成这项任务或这件事情，所以我才充满了动力。"

例子 2：原来的消极想法："因为没有吸引我的书，所以不想看书。"

用"逆向思维"后，想法就变成："正因为只有看过书了，我才能发现书中吸引人之处。"

你看，只要心态积极开放，切换成新的思维方式，得到的结果也就会截然不同，你会更有做下去的动力。

起初转换思维方式时，你可能还不习惯，也不熟练，这没有关系。遇到问题时，你用新思维多去尝试和运用几次，就会变得容易多了，关键是它能够让许多问题迎刃而解，让目标达成变得更加理所当然。

对以上 5 种方法做个总结：

- "寻找意义"让你有更强的使命感；
- "使命必达"培养你"理所当然去完成"的意识，而不是即使没完成也无所谓的消极情绪；
- 立刻说出当下的具体目标，让你将配合目标达成的关键行动随时放在心上，毫不犹豫地去做；
- "社交学习"让你学会抱团行动和坚持；
- 用"逆向思维"看待问题，则能让坚持变得更加轻松，跟"半途而废"说再见。

这 5 种方法你可以选择使用，也可以综合起来一起使用，使用一段时间后，你一定会发现不一样的人生状态。

回顾过去，如果你曾经经历如下情形：

- 遇到问题就退缩，并自暴自弃，不再设目标，得过且过每一天；
- 想要有所变化，却始终使用老办法，陷入恶性循环，徒劳无功；
- 定目标时踌躇满志，行动起来却萎靡不振，年终总结才发现目标都没有实现。

我想跟你说，从此以后你不必再为此气馁和沮丧，因为通过本节内容的学习，你已经掌握了如何告别半途而废的新思路、新方法。

它将帮助你自觉自愿去实现目标和计划，让你在正向反馈和行动中体会到乐趣、自信和成就感。让自己每一天都在进步、成长，这才是可持续且有意义的。

第四章

高效行动：
提高效率，言出必行

两条锦囊，
让你的精力源源不断

有些学员在跟我交流时，经常谈到自己在工作时感到浑身乏力，提不起劲儿，即使稍事休息，重新投入到工作后很快又会感觉疲惫不堪，工作效率下降；入睡特别困难，一整晚都睡不好，醒来后依然感觉像没睡一样，甚至比睡觉之前更加疲惫；整个人懒散不爱动，得过且过，没有以前工作认真。

以上所有这些情形，其实就是精力不足的典型表现。

什么是精力呢？**精力就是精神和体力。精力越好，工作效率越高；精力越差，工作效率自然也就越差。**

在这一节，将学习让自己的精力源源不断的两种方法：

- 精力金字塔法；
- 精力倍增法。

一、精力金字塔法

我曾经看过人物报道，介绍了如下商业精英人士的作息时间：

第四章 高效行动：提高效率，言出必行

- 苹果现任 CEO 库克每天早上 3:45 起床，4:30 处理邮件，5 点开始健身；
- 搜狐 CEO 张朝阳每天凌晨 12 点多入睡，早晨 4:30 起床，每天睡眠 4 个多小时；
- 百度 CEO 李彦宏，一天的时间安排是：20% 休息时间、25% 打高尔夫、55% 工作时间，坚持每天 5 点多就起来工作……

你看了之后，是不是会慨叹为什么他们有这么充沛的精力？为什么普通人做不到？

其实，你不必为此焦虑，毕竟每个人需要的睡眠时间不尽相同，根据自己的生物钟和需要安排作息即可。

问题的关键是如何能让自己如他们一般保持在一个较高的精力水平。

不能否认，有些人之所以总是精力无限的确与天生的体质有关，但大部分人不是，他们是通过后天习得并掌握正确的方法，才训练出同样高水平的精力的。

学会了精力管理的科学方法，将其变成自己的习惯，持续让自己的精力保持充沛。就好比你想在健身房练习肱二头肌肌肉一样，只要按照科学方法训练，这块肌肉就一定能强壮起来。

在这里，我要向你介绍精力管理的金字塔模型，理解了这个模型，你就知道应该如何有计划地改善自己的精力了。

根据精力的来源，将金字塔来从下到上分为 4 层，分别是体能、情绪、思维（注意力）、意志（意义感）。

位于最底层的精力来源是基础，下层的精力会影响上层的精力，一层

一层往上影响。具体来说就是：体能影响情绪，情绪影响思维，思维影响意志。

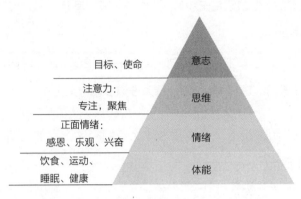

精力金字塔

下面我们就针对精力金字塔的四个来源加以说明。

（一）体能

体能位于金字塔的最底层，是精力的基础，也是精力最重要的来源。体能越好，人的精力越旺盛。

为什么这么说呢？现代医学发现，体能好尤其是心肺功能特别突出的人，大脑的供血、供氧、供糖能力都会更好，因此大脑的工作效率也高，长时间工作更不容易疲劳。

被称为世界 500 强 CEO 摇篮的美国陆军军事学院，也就是西点军校，对于学生的体能训练要求非常高，这为学员毕业后步入新领域应对繁重的工作打下了非常坚实的基础。

提升和改善体能，建议从如下四个重点方面同时入手。

- 合理膳食：六大元素全营养支撑；
- 锻炼身体：选择适合自己的运动习惯；

- 充足睡眠：不熬夜，保证充足的休息；
- 身体健康：保持良好的生活习惯，远离疾病。

（二）情绪

有个比喻非常恰当：**精力有如汽车发动机，体能是发动机的马力，而情绪就是发动机的火花塞；没有火花塞，即使有再足的马力也启动不了发动机。所以，没有积极的情绪，纵使有再好的体能也无法让人的精力保持在最佳状态。**

情绪对精力的影响，并不难理解。比如早上起来，你遇到一件特别开心的事，心情大好，一天都会觉得自己精力充沛；相反，如果一大早就有倒霉的事发生，你立刻情绪低落，一整天都很不开心，干什么事都没有心情。

可见，情绪的高低起伏对我们的表现有很大影响，那些**积极正面的情绪才是精力输出的保障。**

虽然人的大脑容易产生负面情绪，但我们也要尽量去激发正面情绪。

激发的方法有很多，比如维持良好心态，培养兴趣爱好，坚持体育锻炼，建立良好人际关系，多做并记录让自己高兴的小事，经常用积极的语言给自己做心理暗示，等等。

备受推崇的美国励志演讲家和畅销书作家托尼·罗宾斯自创了一套叫作**热启动练习**的方法。

热启动练习需要 15 分钟的时间，主要包括以下五个部分。

- 一是呼吸的练习；
- 二是感受自己的心跳；

- 三是回忆值得感恩的事；
- 四是想一想值得改善和庆祝的事；
- 五是想想自己的三个目标。

热启动练习能帮助你激发自己的正面情绪，让人感受到快乐、感恩、兴奋、坚定。它其实就是情绪的热身，做好热身后，遇到再多的困难和挑战，都可以积极地去面对。

（三）思维（注意力）

思维精力，就是在思维上保持专注、乐观和活跃。而其中最为重要的是保持专注，集中注意力。注意力能够让我们的精力有一个有效的输出，创造出有效的结果。

如何加强注意力？经常主动去做一些锻炼脑力的事情，比如学习新知识，掌握新技能，接受挑战性任务等。

同时要注意不能让大脑一直处于紧绷状态，每工作一段时间，要主动让大脑停下来适度休息，以便你可以重新找回注意力，以及重新找回工作或学习的饱满状态。

（四）意志（意义感）

意志，或者叫意义感，也就是我们生活的意义、目标和使命到底是什么。它是人活着最高的追求，是驱动我们做事的底层逻辑，是人生的操作系统，是精力的最终源泉。

如果一个人做事情只考虑自己的私利，就不具有意义感。意志来源于最深层的价值取向和超越个人利益的目标，在行动中保持坚定的信念和执着的勇气，即使面对艰难困苦和个人牺牲也在所不惜，这才具有意义感。

简单来说，就是你要明白自己为什么努力，有什么价值和意义。比如有的人投身公益和扶贫事业，有的人在本行业钻研和推出新技术，有的人为社区提供服务等，这些都超越了个人利益，重在为其他人、为社会提供价值和贡献。

为什么有意志（意义感）的人精力更为充沛呢？

其实，这就像是在茫茫夜色里行驶在大海中的小船，前方能看见灯塔，即使夜色再黑，风浪再大，也不会沮丧和气馁，因为一直有强大的动力在支撑它。

体能、情绪、思维和意志这四个精力源是一个整体，缺一不可。身体状态不佳，心情受到影响，注意力也就很难集中；当你出现负面情绪时，注意力必然受到破坏；思维迟钝，缺乏专注力，意志力也就失去了强大的支撑。

所以，如果经常感到精力状态不好或者精力不够用，一定要从这四方面着手分析到底问题出在哪个精力源，然后有针对性地去改善和提高这个部分。

当然也可以从这几方面同时入手，慢慢提升不足之处，这样才能改善精力状态，提高整体的精力水平。

二、精力倍增法

当白天的任务一再延后，必须要加班加点才能完成的时候，你的第一反应通常是："时间不够用啊""我的工作效率还不够高""我的时间管理做得不够好"。

难道真的如此吗？

其实，时间对每个人都是公平的，每一天都是固定不变的 24 小时，不管你是浪费还是抓紧，你的时间都不可能多出来一分一秒，所以时间并不需要你的管理。

所谓"时间管理"，其本质是管理自己的行为和管理自己的精力。

当你能够从管理时间转换到管理精力的角度看待问题，探讨如何能让自己的精力更加充沛，更加高效时，会发现不但走出了"时间永远不够用"的迷局，精力的状态和水平也会和从前大不相同，当然做起事来也更为高效。

精力倍增法，就是帮你在现有精力基础上，获得更高效率的方式。下面介绍其中两个有效的方法：主动休息法和加减乘除法。

（一）主动休息法

每个人的精力在一天当中有波峰和波谷之分，波峰就是精力特别充沛的时候，适合做需要专注力的事情，而波谷就是精力下降的时候，适合做不需过分动脑的工作。

如果没有遵循这样的规律，反其道而行之，在精力旺盛的时候，去刷微信或追网剧，而在精力下降的时候才来做需要集中注意力的事情，当然会出现效率低下的情形。

总感觉精力不济、恹恹欲睡或是心不在焉，其实都是没有对自己的精力进行合理分配所致。学会让自己主动休息，精力才能重新满格。

跟传统休息方式——累了才休息相比，主动休息是一种新的休息方式。

众所周知，人体持续活动的时间越久或劳动强度越大，疲劳的程度就会越重。当人产生的疲劳感越强的时候，用于消除疲劳的时间也会越长。这就是累了才休息的弊端。

所以，你会发现，当连续两三个小时甚至更长时间做一件事情，做到累得精疲力竭再去休息，即使休息较长一段时间，还是会感觉很累。

这就好比你使用手机，总是将电池的电量全部耗光再去充电，没有充满时又急于使用，电池就永远处于不满格状态，损耗自然越来越大。

因此，当明显感到疲劳或精力耗尽时才去休息，其实已经晚了，因为你会需要更多的时间才能恢复精力，工作和学习效率也会随之降低。

此时，**正确的做法应该是在你刚刚出现或即将出现疲劳时，就选择主动休息。这样不仅会减少休息时间，更能提高工作效率。**

其实，历史上不少名人都善于进行主动休息。比如曾任英国首相的丘吉尔，他白天日理万机，夜里的睡眠虽然不足 5 个小时，但却能始终保持精力充沛。

为什么呢？原来他每天午饭后必睡 1 小时，晚饭前还要睡 2 小时，醒来后再继续工作。他并不是等到精疲力竭才休息，而是主动管理休息的时间。

我自己也在践行着主动休息的方法，收效很大，也建议你根据自己的习惯主动休息。比如，工作 25 分钟到 1 个小时，就放下手中的工作，活动一下筋骨、找人聊两句，到楼下转一圈，午饭后小憩一会儿等，休息片刻后再投入到刚才的工作状态。

虽然这样做休息的次数看上去增加了，但是因过度疲劳而需要休息的总时长却减少了，精力仍然可以一直处于比较旺盛的状态。

（二）加减乘除法

除了学会主动休息，通过运用加、减、乘、除的方法，同样能提高精力的质量和水平。

时间是固定的且无法改变的，但是人的行为却是可以改变的。因此在学会主动休息的基础上，通过合理安排任务，就能让自己的精力始终保持在活跃和饱满的状态。

1. 加法：利用碎片化时间，完成可以碎片化的任务

将自己每天可利用的碎片化时间加以分类，并根据不同的碎片时长，安排适合的事情或任务。当你养成习惯，逐渐形成条件反射后，就不会每天无所事事，刷手机打发时间。

比如，等公交地铁的 5~10 分钟，你可以用来背单词；车上的 40 分钟时间，可以用来阅读或者听音频；跑步或开车的半个小时听音频；在餐厅等上菜前的 10 分钟可以浏览几篇资讯文章等。

我本人就是将所有在途时间和跑步时间用来听囤过的音频课。如果你让我拿出专门一段时间老老实实去听课，对我来说的确有点难度，我舍不得，也找不到这样的时间段，所以每天都特别期待路上听音频的宝贵时光。

2. 减法：降低同类任务间的切换成本

识别在做或者将要做的事情中，哪些工作或任务具有相同属性，就将这些任务整合在一起进行批处理，从而减少重复动作，保证精力的充分使用。

例如要去超市买菜，还要给一条裤子扦裤边，并且给孩子订一个生日蛋糕，这几项任务都需要你亲自下楼外出完成，那么你在出门前，需

要尽可能考虑到所有类似任务，然后在去超市的路上，顺便将扦裤边、订蛋糕的事情完成。

这样，就避免了你从超市回家后才突然想起另外几件事，不得不再次换衣服准备出门，从而浪费更多的时间。

这个方法，同样适用于工作中的事件安排。

举个例子，你要召集来自不同部门的人开同一个主题的会议。这并不大容易协调，因为有的人也许在出差，有的人也许在休假，所以如果能同时约到他们来参会，就要珍惜和充分利用这个机会，提前看看这些人中有没有一些人，你跟他们还有其他话题要讨论。如果有，就跟这几位同事提前打招呼，在本次会议结束后不要离开，留下来跟你继续开下一个话题的会议。这样做的好处是，你不用再额外投入时间和精力重新协调会议、人员和预订会议室，节省了彼此的时间，也提高了大家的工作效率。

3. 乘法：在不同性质或类型的任务间转换

每隔一段时间变换不同的工作内容，大脑就会产生新的优势兴奋灶，而原来的兴奋灶则得到抑制，这样你的大脑就可以得到有效的调剂和放松。

为了提高精力的使用效率，既可以在不同类型的脑力和体力活动之间进行转换，也可以在不同性质的任务之间进行切换。

比如俄国作家托尔斯泰，他在写作空隙时，经常放下笔到健身房做20分钟的器械体操，这就是在脑力和体力活动间切换。

詹姆斯·莫法特是《圣经新约》的翻译者，他的书房里有三张桌子：第一张摆着他正在翻译的《圣经》译稿；第二张摆的是他的一篇论文的原稿；第三张摆的是他正在写的一篇侦探小说。莫法特的休息方法就是从一张书桌转到另一张书桌，继续工作。因为工作的性质不同，一种工作恰好是另一种工作的休息。

我自己的业余时间曾经就在跑步、写作和阅读之间互相切换，既可以保证时间的充分利用，也可以让自己的头脑和精力都得到主动休息和交替使用，脑筋一换，比什么都不干的休息效率更高。

4. 除法：将大任务分解成能独立完成的小任务

有一些任务虽然看上去需要一大段时间完成，但仔细观察会发现，可以将其合理分解为在不同时间和场景下的小任务，每个小任务并不需要占用太多时间，而且能分散进行和完成。那么最后在某个时间段内将这些完成的小任务进行整合，就完成大任务了。

比如对于我从事写作这个任务，包括构思灵感和动笔去写这两件事，就完全可以在不同时间完成，并不一定必须预留出一大段时间同时做这两件事。因为我可以在任何时间进行构思、寻找灵感并记录下来，然后再找另外恰当的时间动笔。

但如果你让我专门拿出来一大段时间枯坐在那里思考，我可能都不知道要写什么，哪怕去上网搜索各种素材，也会耗费不少时间，那么等我真正想要动笔的时候，却发现时间早就过去大半。

分解任务并分开完成这种方法，同样适用于其他类型的工作，比如你要写策划方案，那么你在等人、等车的时候或会议开始前，先将初步的想法或者闪现出的好点子记录下来，等回到办公室，再把这些点子进一步整理和细化，并形成方案。

我平时工作繁忙，做教育，研发课程，深度咨询，一对一私教辅导，写原创文章，构思和撰写书稿，出版宣传，还要照顾家庭、教育孩子等，如果没有合理的精力安排，特别容易发生什么都想做，却什么都做不好或者来不及做的情况。一件事情耽搁了，另一件事情也只能推迟。到最后自己无比焦虑，甚至放弃。

所以，我非常受益于以上精力管理的方法，不管是精力金字塔，还是精力倍增法的主动休息，以及综合使用加、减、乘、除四种策略，使自己的精力质量和水平始终保持在令人满意的状态。

有效管理专注力，
让工作产出倍增

在每天朝九晚五的工作中，很多人表面上忙忙碌碌，却经常因为各种原因分心走神，越来越难专注于某项工作，工作效率也越来越低，导致工作延误或没有按时完成，整个人感到无比沮丧、委屈又懊恼。

无法专注，已成为现代人最大的通病。当今社会互联网信息铺天盖地，淹没了人的时间和精力，使得人们想要专注变得难上加难。美国心理学家赫伯特·西蒙曾说："信息消费的是人们的专注力。因此，信息越多，人们越不专注。"

专注力，又称注意力，是指一个人专心于某一事物或者活动时的一种心理状态。而它俨然已成为这个时代最稀缺的能力。

本节将告诉你如何才能有效地管理自己的专注力，告别低效和平庸：

- 五种职场时间的分类；
- 有效提高专注力的步骤。

第四章 高效行动：提高效率，言出必行

一、五种职场时间的分类

每个人的时间和精力都十分有限，不懂如何分配和管理，势必会让自己无法专注，永远处于低效率水平，导致事情越积越多，最后堆到只能放弃不做。

所以，为了改善这种状况，我将职场时间分成五类，帮助你了解不同类别时间的特点，从而能专注而高效地分配恰当的时间做相应的工作。

（一）固定时间

顾名思义，固定时间就是到了固定的时间节点，就要去做某件固定的事情。

比如开例会，你每周或者每天要参加部门会议，或者需要跟领导开一对一的固定会议，那么到了这个时间节点，你就会去开这个会议。

除了例会时间这种你需要配合他人的固定时间以外，你还可以主动为自己设定一些固定时间。比如每周五下午，拿出 30 分钟到 1 个小时梳理和复盘本周工作，制订下周的工作计划，并把这个时间作为固定时间记入日程表。

如果你有经常合作的部门或者有正在运转的项目，也可以设定一些固定时间跟相关同事进行跟进和讨论。

将这些固定时间提前预留在日程表里。养成这个习惯的好处是，到了固定的时间，你下意识地就会去做这件事，而不会浪费时间，无所事事，或者去做一些无价值和低效的事情。

你的日程表上每天分配的固定时间越多，你对自己手头在做的事情掌控感越强，工作效率会越高。

（二）约定时间

约定时间，是你和他人共同约定或决定的一个时间段，它并不由你自己**完全掌控**。这个时间不像例会一样是固定的，它是因为某种原因而临时发起的时间段。

因为约定的时间不仅取决于你，也要取决于他人的空档时间，所以这个时间段的使用就充满变数，定好的时间到了，却因为各种原因，对方或者你不能按约定出席，可能的原因比如：

- **该时间段被他人占用；**
- **在该时间段，别人来打搅你；**
- **在该时间段，对方有急事无法按照约定出席。**

举几个例了，你就明白了。

"被他人占用"：你跟同事 A 约好下午两点开会，但是快到两点了，对方却告诉你，他的老板临时让他汇报项目进展，也定在下午两点，他没有办法只能先取消跟你的会议。

"别人来打搅你"：上个例子中，如果你是 A，就是跟他人约好了时间，但是临时被打搅，上司让你同一时间参加其他活动。

"对方有急事无法出席"：你跟财务部同事约好下午两点开会，结果他们在上一个跟集团总部的会议拖堂了，开始占用你们事先约好的时间，财务部同事也就无法参加跟你的会了。

因为无法如约开始，对方跟你提议将会议改期到其他时间，你虽然无奈，却也没有什么办法，毕竟这是一个约定和协调的时间，不由你自己完全掌控。

想要降低约定时间带来的不确定性，我建议你：

- 在跟对方约定时间的时候，多确认一下这个时间段前后，对方是否安排了时间离得很近的其他会议；
- 提前将会议文件发给对方，一旦发生自己时间被占用而无法如约参加时，就请对方先抽空看一下文件，那么下一次你们按照改期的时间重新开会的时候，就能节省时间，提高效率；
- 你在做工作计划的时候，为下周安排一些不紧急的机动任务，并做成一份任务清单。那么当约定时间到了，双方却临时出状况，原本需要开会的时间空闲出来的时候，就在任务清单上选择一项工作来做，不要浪费那段时间。

（三）掌控时间

掌控时间，是指那些你能完全享有且拥有掌控权的时间段，也就是去除了固定时间和约定时间后，剩余的自己可支配的时间。

对于掌控时间，你要认真思考和规划如何高效使用。这部分时间有时候看似很多，但如果没太留意，很快就会飞逝而过，而你对此可能毫无察觉。

所以你在制订下周工作计划的时候，要把你能预见到的任务全部罗列出来，并按照截止时间、重要性和优先级进行排序，有选择地把这些任务添加到掌控时间的安排里，有条不紊地开展和进行。

有些任务需要大段时间完成，且有一定的时间要求，比如做一个行业研究报告，制订项目启动计划等，那么你就要根据截止日期，倒推出来自己每天要完成多少任务量，需要多少天完成，在此基础上把每天的掌控时间做一个高效的分配，并记录到日程安排表里。

有些任务可能不需要大块时间，那么你既可以安排在掌控时间内，也可以放到约定时间的"机动任务清单"中，根据实际情况，适时安排做起来。

在自己能掌控的时间内，多去做创造性的工作或活动，才是真正能让你的工作出成果的良方。

（四）休息时间

在上一节中，我们谈过主动休息法，在每一天和每一周，你一定要把自己的休息时间空出来并做好规划，如跑步、喝茶、聊天、休闲活动等。

有的人会说："我哪有时间休息，这些休闲活动对我来说太过奢侈了。"我想说，这并不能证明你的能力有多强，如果你用于工作的时间需要占用过多的个人时间，连一些正常的休息时间都无法腾出来，你要反思一下是个人工作效率问题，过于追求完美所致，还是需要重新评估目前这份工作的价值，它到底是否值得你如此这般长期投入。

当你养成主动休息的习惯后，它就会变成一个下意识动作，即使你很忙，看上去没有时间，也依然会按时执行。比如有的人养成了晨跑的习惯，就算出差在外，早上起床后仍然会换上跑鞋出去跑步。

这么做的好处是，一旦有了规律性的工作和休息（运动）时间，生活各方面就会获得较好的平衡。保持良好的体能和休息，自然也为充沛的精力奠定了基础。

我记得有一次去欧洲出差，清晨去海边沙滩散步时，巧遇了一位同来参会的韩国同事正沿着海滩晨跑，他是负责公司在韩国业务的总经理，那一年已经五十六七岁。

聊了之后才知道他常年保持晨跑习惯，即使到了欧洲，也不会因为时差或者地理环境的原因而中止这个习惯，这让我颇为佩服。我也明白了为什么每次看到他都神采奕奕，精神百倍。

（五）其他时间

除去以上四种时间，很多人也会有一些时间用于无聊、发呆、上网或是刷手机来进行放松。这么做行不行？

不是说绝对不行，或者说你绝对不可以有这样的时间。但就算有，你也一定要对自己有一个最基本的要求，不能长时间沉溺其中。

因为这种无营养的活动一旦结束，无聊和空虚的感觉只能越来越沉重，所以最好给自己规定一个时间，比如5分钟、10分钟等，闹钟铃声一旦想起，马上停止下来。

而一旦你发现自己已经超时或者有些"上瘾"的征兆出现的时候，就要有意识地进行扭转，恢复到先前的工作或学习状态中去。

如果你本身自律性就不够，那么在工作或学习的过程中，我建议你进行物理隔离，就是要主动远离手机之类容易干扰你注意力的物品。

根据以上这五种职场时间分类，你可以对自己目前的时间做一下梳理，能固定的就固定下来；约定的时间发生变动时，不要浪费空出来的时间段；高效安排和使用掌控时间进行创造性工作；留出休息时间，努力养成良好的休息或锻炼习惯；谨慎使用空闲的娱乐时间。

我们做什么事，在哪些方面出成绩，其实就要看把时间分配和用在了哪里。用在对的地方，有价值的地方，那你自然能收获较好的工作成果；反之，则只是在混工作、混日子，最后混掉了自己。

二、有效提高专注力的步骤

我看过这样一条新闻,巴菲特和比尔·盖茨同时参加一档电视节目,主持人问了如下这样一个问题,并让二人把答案各自写在一张纸条上,问题是:"两位都曾问鼎过世界首富的位置,对于你们来说,什么是这个时代最宝贵的东西?"

两个人把写完的纸条交给主持人,主持人打开后十分惊讶,并把答案展示给观众,纸条上写的是同一个单词:"Focus",简直是不谋而合。

Focus,也就是专注力,或者叫注意力。

其实许多商界大咖、行业翘楚或是专家学者等,早都意识到专注力的重要性,且在行动中也在保持专注力。

比如,马克·吐温说:"只要专注于某一项事业,就一定会做出使自己感到吃惊的成绩来。"蔡元培说:"唯有专心致志,把心力集中在学问上,才能事半功倍。"法布尔说:"把你的精力集中到一个焦点试试,就像透镜一样。"

一个拥有超强专注力的人,往往更容易取得较佳的工作成绩,同样是忙碌 1 小时,他们工作的产出甚至能超过别人一整天的劳动量。

其实,很多人都懂得专注力的重要性。但可惜的是,他们却无法做到专注。为什么呢?

随着现代科技和互联网的发展,每时每刻都有无数条信息产生。凯文·凯利在《必然》中写道:"即使只是对过去 24 小时里被发明或创造出的新事物进行概览,也会花费我们一年以上的时间。"

他还说:"每年我们生产出 800 万首新歌,200 万本新书,1.6 万部新电影,300 亿个博客帖子,1820 亿条推特信息,4 万件新产品。"

这个结论一点都不奇怪，你现在就可以拿出自己的手机看看下载的 App，它们包含各种各样的社交媒体，有推送新闻的平台，有各种购物、运动、美食、外卖、掌上阅读等应用软件，真可谓琳琅满目，数不胜数。

这些 App 无时无刻不在产生海量信息，将你紧紧包裹在信息的海洋中，抢占着你的注意力和时间。你的眼球和大脑围绕着这些信息不知停歇地读取、吸收和运转。

大脑不由自主地在各种接收到的信息中来回切换，乐此不疲。而当大脑习惯了这种浅度思考的模式时，基本上对于需要静心学习和工作的事情就会排斥，很难再调动深度注意力了。

可见，重新找回并有效管理我们的专注力，有多么重要和急迫。下面我分享三个步骤来有效管理专注力。

（一）选择需要专注的事情

选择的这件事情应该是你力所能及的事。做这件事既能体验到成功的快慰，又不至于因为高不可攀而失望，事情的难度稍微在你的能力之上就可以。这就好比去果园摘果子，需要你"跳一跳，但又能够得着"，付出一定努力就能摘到果子。

举个例子，领导要求你做一份针对 5 家新竞争对手的调研报告，并在一个星期内完成，针对这份报告，你到底写多少页合适呢？100 页，还是 50 页？

你查找了一下，目前手头上关于这些竞争对手的资料很少，所以要在一周之内写出一份 100 页的 PPT，每个竞争对手就要写上 20 页，这样的目标显然不合适，对自己的要求太高，即便是给你再多的专注力也没有意义，因为根本完成不了。

但如果写 10 页，每个竞争对手只需要写 2 页，这又显得过于简单，因为你很轻松就能完成，根本不需要用一周的时间。提前完成后，你大脑的专注力就会有剩余，会不自觉地去寻找其他事情做，用以填补专注力空白，比如在网上瞎逛、刷手机，这就是对专注力资源的浪费，也很容易导致人进入漫无目的的状态。

你又做了一下自我评估，以前你一个星期可以写 20 页报告，这次的任务领导非常重视，所以你肯定要给自己设定一个挑战性的目标，最后决定写一份 30~40 页高质量的报告，为每个竞争对手预留出 6~8 页的内容空间。

这个目标设定得就比较合理，虽然超出了平时的成绩，但努力一下是非常有可能实现的，这也会促使你集中最多的专注力在这件事的完成上。

所以，如果你始终无法在工作中将专注力集中在一件事上，就要思考一下，也许真的不是你太忙了，而非常有可能是你太"闲"了。因为你定的目标太容易实现，做的事情过于简单，导致专注力剩余，就会显得无所事事，甚至"游手好闲"。

要解决这个问题，建议提高目标和事情的难度，主动选择相对来说更复杂、更有挑战性的工作，将专注力重新拉回到聚焦的事情上。

（二）排除内外部干扰物

在工作中，每个人都对以下情形深有体会，你刚开始要认真写报告，结果：

- 旁边的同事给客户打电话，声音很大，吵得你头疼；

- 有人跑过来找你帮忙，提供一下数据；
- 领导临时叫你过去说一个项目……

等你处理完以上事务，回头要继续写刚才的报告，又忘了刚才的思路，回忆半天才重新动笔……这些干扰项无时无刻地打断着你进行中的工作，让你不胜其烦，专注力急速下降，工作效率和产出都很低。

该如何避免这种情形呢？

这些内外部的干扰物性质并不完全相同，有一类我们可以主动阻止，比如同事打电话的声量太大已经打扰到周围的同事，你与其默默忍受，不如向这位同事做个善意的提醒，取得他的理解，让他把声音压低，这样不再打扰彼此。

还有一类干扰物超出可控范围，不是我们能主动阻止的，比如你收到新邮件提醒，有人给你打电话，微信群有人@你等。针对这类情形，想要减少被打扰，保持专注力，有个技巧就是：阶段性处理。

也就是说，不要新邮件一到达，就去阅读并回复，或者别人打电话，你立刻就接起来，你要继续专注在手头的事情上，然后每隔半个小时查看一次邮箱或微信群，回复错过的电话等，用 10~20 分钟集中处理完这些事务后，再返回刚才的工作状态。

（三）摆放专注力标志物

专注力标志物，就是能让你将专注力重新聚焦的物品，如一个沙漏，一盆花，一个水杯，一个励志牌等，用它们来提醒你要专注，要聚焦。

当你正专心工作或学习的时候，突然意识到自己开始走神了，一抬眼看到旁边摆放的标志物，就会立刻提醒你，迅速帮你拉回注意力。

在第二章中，我们学到的番茄学习法中，设定番茄闹钟也是一个专注力标志物，它就起到了提醒的作用，告诉你现在是专注时间，不要分心。

你可能会说，等我走神的时候，说不定连专注力标志物在哪里都忘了，又怎么可能对我起到提醒的作用呢？

这不是没有可能发生的事，尤其当你刚刚使用专注力标志物的时候，会感觉比较困难。那我就建议你用最简单的方法：设定闹钟。

先估计一下自己专注力可能维持的时间，如 10 分钟或 15 分钟，然后设闹钟。在这个 10 分钟或者 15 分钟内专注在某项工作或学习上，绝不做其他事，同时把干扰物拿走。闹钟响起，时间到了，就短暂休息。

等习惯了这种模式后，再摆放专注力标志物来提醒自己，并应付复杂的工作环境。

如果你专注力时间很短，经常走神，也不要为此自责或沮丧，只要你能坚持专注一段时间，哪怕是 5 分钟也好。经过一段时间的练习，根据情况一点点增加专注力集中的时长，也就慢慢延长了工作的时间。

另外，我不建议长时间过度地使用专注力，这会让人陷入疲惫状态，影响接下来的工作与生活。工作加适当的休息，让自己的精力水平不断恢复，重新攀升到较高水平和较高质量，就能真正做到有效管理好自己的专注力。

综上，当专注力变成这个时代大多数人都稀缺的一种能力，掌握它的人必将脱颖而出。你越是能持续专注在一件事情上，内心越能平和安静、自信充盈，不再烦躁不安、心烦意乱和焦虑迷茫。

因此，若想让自己变得优秀，从现在开始，请让自己专注于更有意义、更有价值的事情。

你专注在哪里，收获就在哪里；你有多专注，未来就有多成功。

提高行动力的 10 条黄金法则

当你仔细观察身边优秀的或者已经取得了一定成就的人时,会发现他们无一不是行动力强的人。一个人就算思考得再多,但没有付诸行动,也毫无意义,因为所有的价值都由行动产生。

"行动力是一个人最基础、最重要的能力,没有之一。"我非常认同这句话。

所谓行动力,就是具备强烈的目标感和超强的自制力,能自觉自发做事的能力。简言之,想到就去做,并将其做成。

很多人为什么难以做成一件事,其实就是行动力不足,宁愿空想、懊恼,也不愿意去行动。那些行动力强的人,乐观积极、迎接挑战、扫除障碍,毫不迟疑地奋力向前奔,在过程中不断突破自己;而行动力差的人,将一切事情停留在幻想、感觉或嘴上,根本没意愿去付之行动,懒惰拖延,得过且过。

本节将学习提高行动力的 10 条黄金法则,让自己做到言行合一,通过行动过上自己想要的人生。

本节要点：

- 运用四象限法则，分清轻重缓急；
- 做决策的时候，守住"底线思维"；
- 为小事设定截止时限，不浪费时间；
- 正向思考，克服"负性自动思维"；
- 给出预留时间，凡事尽量提前；
- 用数据化方式记录行动，便于检查；
- 按照日/周/月的频率，定期复盘；
- 关心"如何做到"，而非"为什么""如果"；
- 发现能量黄金时段，做脑力工作；
- 写第二天的待办清单，高效利用时间。

一、运用四象限法则，分清轻重缓急

根据事情的紧急性和重要性，我们用两个轴分成四个象限，横轴是紧急性，越靠近右侧，紧急性越高，反之，越靠近左侧紧急性越低；纵轴是重要性，越靠近上部，重要性越高，越靠近下部，重要性越低。

如下图所示，分别是：重要且紧急、重要不紧急、既不重要也不紧急、不重要但紧急。

我们来解释一下具体含义。

- 重要且紧急：需要全身心投入，且截止时间很近，需要立刻就去做的事，比如上司让你中午 12 点之前必须提交一组数据。
- 重要不紧急：本身很重要但并不急于马上去做的事，比如制订下周计划、下个月计划等。

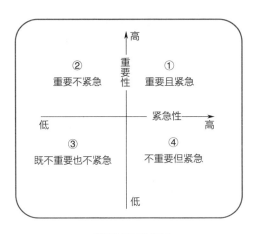

时间管理四象限图

- 紧急但不重要：有紧迫的时间要求，但并不十分重要的事。比如，同事让你立刻参加某个会议，对你来说会议重要性不高，所以派一位下属去参加。
- 不紧急也不重要：没有时效性，耗时耗力又没太大价值的事。

先将手头的事情按照四象限方法逐一列在对应象限中。然后按照如下原则处理多个事项。

- 先做重要且紧急的事情；
- 接下来做重要不紧急的事情；
- 紧急但不重要的事情要少做；
- 不紧急也不重要的事情尽量不做。

每个人的时间和精力都是有限且宝贵的，如果不能分清主次和优先级，想起什么做什么，就会陷入低质量的瞎忙中，却一无收获。

最重要的原则就是：**阶段性时间内，集中精力在一件最重要的事情上**。梳理清楚后，你会赫然发现，生活和工作原来可以很轻松。

二、做决策的时候，守住"底线思维"

所谓底线思维，是指在做决策时候，会认真计算风险，估算在现有条件和界限内可能出现的最坏情况，并且接受这种情况的思维方式。

为什么说守住底线思维，有利于提高行动力呢？

因为，作为一个理性的人，尽管一件事情再困难，心底里也是不能也不愿意突破底线的。突破底线所导致的结果是难以承受的，所以人们往往就会在"底线思维"的驱使下不得不去做底线内要求的、最低标准的事，迫使自己竭力解决问题。

当然，对于同一件事，每个人对于底线的界限定位并不相同，因此他们行动的力度和范畴也不尽相同。

例如，公司要裁员了，员工A和员工B都面临失业的风险，于是两个人开始思考失业后该怎么办，应该如何度过危机。这个时候，底线思维就发挥作用了。

员工A的底线思维：最坏的结果，就是找不到任何工作，彻底失业。以此往前倒推考虑的话，可以先做一些低薪、时薪或收入不固定的工作，工作的同时再慢慢谋求新机会。

员工B的底线思维：最坏的结果是暂时找不到大公司工作的机会，那就做自由职业者，因为之前在工作中积累了图文设计的经验，因此在网上接单并不难，只是收入不能马上达到失业前的水平，但相信随着口碑积累，会有更多客户和机会，同时他也会去关注其他大公司的工作机会。

你看，虽然都是底线思维，但A和B的界限完全不同，但相同的是在他们给自己划定底线后，就会挣脱原来的束缚，摆脱了无谓的焦虑和沮丧，有动力去做界限内的事，行动力大为增强。

三、为小事设定截止时限，不浪费时间

在多屏时代，各种各样的电子设备会对专注力形成很大的干扰，所以建议做某件事之前，关掉或远离电子产品，在一段时间内专注于重要的事情上。

在前面我们学过用 SMART 原则做计划，其中 T 就是要求为项目的完成设定截止时间，有些人会认为只有比较大型、系统或者重要的工作才需要这么做，其实不然。

针对一些零散的小任务、小目标，如果你也能设定截止时限，那么就更容易让你合理地把控时间，比如设定倒计时闹铃的方式，能让自己更有紧迫感，也更有利于完成任务。

比如，当你想刷一会儿手机 App 推送的新闻，或者观看短视频、浏览热搜榜作为放松时，就在手机的闹钟里设一个 10 分钟的定时闹钟，时间一到，闹铃响起，就放下手机，继续刚才的工作。

如果不设闹钟，你可能不知不觉就刷了半小时，甚至一小时都毫无察觉。

我有个学员就有这种困扰，说好了晚上要听课做作业，但是刷了小红书就停不下来，结果没有完成当天的学习任务，很是苦恼和懊悔。

我就建议她使用这个倒计时方法，她一开始不大适应，到应该放下手机的时间，还是会舍不得，比较纠结。但坚持尝试几次后，就能做到自觉放下手机，继续学习了。

四、正向思考，克服"负性自动思维"

有一个经典的例子：看到一杯盛有一半的水，有的人说："啊，还

有一半的水！"，这是乐观态度；而有的人则说："啊，这杯水只剩一半了！"，这就是悲观态度。

为什么针对同一件事，人们会产生截然相反的看法呢？这是"自动化思维"在起作用。自动化思维，是当事人在无事实佐证的情况下，自动将单方面的猜想和假设认定为"事实"。而如果习惯性地把事情往坏处想，这就是"负性自动思维"。

当然，针对某件事有时候多做一些坏的打算，确实能增强自己面对困境的适应能力。然而过犹不及，这种思维一旦过度，会产生极大的负面甚至破坏作用。

比如，你因为凡事总往最糟糕的方向考虑，导致迟迟不敢、害怕或不愿去处理事情，或者别人处理事情的时候，你不但不支持和帮忙，还总是泼凉水、说风凉话，打击别人做事的信心。

正确的做法是，努力进行正向思考，与其一开始就想到这样那样的困难，还不如把做这件事的过程中以及完成后能得到的收获和益处写下来，这样对培养信心和提高意志力大有帮助，还能帮你集中精神克服各种困难。

当然，如果你能针对可能出现的障碍或风险提出预案，帮助降低发生的概率，就更具有建设性了。

摒弃了"凡事总往坏处想"的负面思维，你就会更有意愿开始去行动了。

五、给出预留时间，凡事尽量提前

在你执行计划，朝向目标努力的过程中，有时会出现意外、突发事件或身不由己的事情，导致计划被耽搁或推迟。这些虽然跟你本人没有关系，但计划还需要继续完成，这个时候你会很容易变得无所适从或者手忙脚乱，从而打乱了整个事情的节奏。

想要尽量降低意外事件造成的负面影响，在一开始制订计划的时候，就不要把时间安排得过于紧凑，可丁可卯，不然当不可预料之事出现，原来的时间计划就被彻底打乱了，所以要尽量预留出一段缓冲时间。

比如，按照正常情况完成某件事需要18天，你可以多加5天作为预留时间，把累加在一起后的23天作为完成这件事需要的整体时间。当然如果你的任务非常紧急，或者有明确的截止日期，则另行考虑。

除了预留时间外，我建议你尽量提前着手每个子任务。比如今天有时间能做明天的事，就先做，不要等到明天做。这样就算第二天有意外情况发生，你也不会紧张和焦虑，因为你在前一天已经把今天的任务量提前完成了。

所以，如果你在每个阶段都能稍微提前开始做，就会不知不觉为整体的进度留出一些时间，这样无论哪个阶段有突发状况，提前节省的时间加上你在做计划时本来就预留的缓冲时间，基本就可以应付了，也更有可能从容如期完成整体计划。

六、用数据化方式记录行动，便于检查

在第三章中，我们介绍了用于制订计划的五种工具，你可以将其用于检查在做事情的进度，但如果你还想更详细地掌握整件事情的进展，或者监视某件事、某个习惯的动态变化，这些工具就不够用了。

你需要运用一些新的工具来帮助自己记录每天的行动，比如什么时

间做了什么，做了多久时间，距离目标还有多远等，将这些数据在一定的周期内进行统计和可视化，就会非常清晰地把控到自己的执行状况了。

一旦通过这些数据的对比和分析，你发现自己有松懈或延误的趋势，就能及时调整状态，并根据实际情况判断是否需要对任务和目标也进行矫正。

哪些工具可以发挥这样的作用呢？

最简单的就是在朋友圈打卡，还可以使用一些手机 App，比如跟时间管理和列清单有关的 App：滴答清单、时光序等；跟体育锻炼有关的 App：咕咚运动、Keep 等。这些 App 会用不同的数据和图表方式让你对自己的行动细节了熟于心。

在你的目标或任务达成前，数据化工具可以用于检查行动的进展；达成后，它也是对这段自我成长经历的一种真实记录和纪念。

七、按照日/周/月的频率，定期复盘

做日、周、月复盘，定期对自己做过的事情盘点和总结，并为下一步指明努力和行动的方向，对于提高行动力非常重要。如果不进行复盘，稀里糊涂地过完一天、一周或一个月，你会觉得自己碌碌无为，毫无收获和进步。

做复盘的前提是，要知道目标是什么。有目标作为参照，才有据可依，有了衡量所做事情的标准，才能比照完成的事情跟目标之间是否有差距，差距在哪里，为什么有这个差距，也才能更清楚未来如何改进。所以复盘和目标关系密切，即：

目标设定→基于目标复盘→持续改进

以周复盘为例,看看复盘如何做,请参考如下四点作为梳理和回顾的重点。

- 比照目标:目标完成情况怎么样?完成了、延误了、部分完成、未完成?
- 比照结果:将目标和已完成结果进行比较,有哪些突出成绩和亮点?有哪些做得不足或遗憾之处?
- 找出原因:不管是做得较为成功,还是未达目标、存在不足之处,都要寻找和分析具体的原因有哪些。从执行过程、流程、方法、意愿、外部条件等导致差距的主、客观两方面进行分析。
- 总结经验:针对做得好的部分,积累和沉淀经验,以后保持;针对可优化的地方提出改进方案,下次加以实践;对目标达成有阻碍的行为,要停止;原本计划做但还没开始做的,下次立刻行动。

如果能坚持做一个月以上这样的周复盘,就能体会到复盘所带来的变化。当然,日复盘、月复盘,都可以按照这样的思路来进行。

复盘对个人的行动力提升效果相当明显,不管是提高复盘的频次,还是扩大复盘的范围,从大事情到中小事情,从工作到生活,如果每一件事情,你都能留心,并做深度思考、拆解和分析,把自己打碎,重组,打碎,再重组……假以时日,一定能成为更加优秀的自己。

八、关心"如何做到",而非"为什么""如果"

开始做事情之前,如果你总是考虑"为什么",或者"万一发生……",设想出各种潜在问题或困难,却从不主动思考应对方案,其实也是一种不负责任、懒惰和逃避的表现。

做事情的过程中，难以避免会遇到各种各样的问题，有的时候可能还会犯错，这些其实并不可怕。但如果因为可能发生这些事情，就对困难或挫折做过度的假设解读，事情还没开始做，就让一大堆问题紧紧围绕着自己，从而缩手缩脚，缺乏自信和动力，最后也就无法继续坚持。

与其在"为什么""万一发生……"中迷失和困住自己，不如关心更加务实的问题，比如"如何能做到""如何才能做得好"。

花心思去思考如何解决问题，如何达到目标，如何寻求他人帮助才对事情的推动和顺利完成有实际意义，也是回归理性的做法，更能提高自己的行动力。

九、发现能量黄金时段，做脑力工作

观察和发现一天当中自己精神最集中、生产力最高的黄金时段是什么，也就是我们在前面提过的精力波峰。

也许在清晨5:00—7:00，也许在深夜10:00—12:00，也许在中午12:00—13:00……找到后，就充分利用这个时间段，去做需要付出脑力或高价值的事情。

有的人在早晨起床后的一段时间精力最为充沛，这个时候他们注意力最集中，做事也最高效。对于这一类人来说，就不要在早上做琐碎的事，比如洗衣服、刷手机等，可以用来做需要专注力的事情，比如思考、读书、背单词，学习新知识、新技能等。

有的人属于夜猫子类型，夜深人静的时候，环境安静，无人打扰，他们能沉下心做自己的事，喜欢在这个时候思考或者学习，沉淀自己，那么这个时间段就是他们的"黄金时间"。

当然，还有些人有其他不同生物钟偏好的类型。我自己的生物钟是，每天5点钟起床投入写作和创作，在孩子起床前有两个小时的时间全心投入脑力和创造性工作，很有效率，也很见成效。

无论如何，去找到你自己精神最好、精力最为旺盛的黄金时段，去做最需要动脑，深度思考和重要的事情，比如整理资料、读书写作、撰写方案、研究课题等都是可以的。

十、写第二天的待办清单，高效利用时间

如果想让自己对一天的安排具有掌控感，而不是一直在被动应对，建议在前一天做一份第二天的待办事项清单，写下在什么时间段要做什么事情。这样能避免遗漏重要事项，或者避免一天中做的事情太少，无所事事。

每当完成清单中的一项任务，就将其划掉。这样一天下来，当你看到待办清单上的任务全都被划掉，就意味着完成了所有的任务，会感觉很充实，很有成就感。

即使清单上的任务没有全部完成，或者其中有一些任务因为某种原因暂时没有启动，这些现象也都很正常。

从中分析一下具体原因，是自己没有准备充分，还是外部条件发生变化，或者是困难阻力太大无法推进等。将思路梳理清楚后，你也就能明确下一步该如何应对，也多了一份坦然和从容。

能把握和主导自己的时间，你就能主导自己的幸福感。

以上10条提高行动力的黄金法则，你可以一条一条认真践行并形成自己的行动习惯。

在学习精力金字塔中的最高层"意志"的时候，曾让我们去思考生活的意义、目标和使命到底是什么。其实当你能发自内心地去做一件事情的时候，完全可以毫不费力地行动起来。

比如，我能坚持不懈地写作，除了基本的生存需要外，更赋予了它更丰富的意义：写作可以帮我记录和总结自己的成长、收获，让我清晰地看到自己一直在不断进阶的路上；我还能通过写作与更多的人交流，分享更多的洞察、感悟和经验给更多在路上的人，给人们带来价值和积极改变。

因为这些意义和目标感的存在，鼓励和支持我依然能在自己的一方天地中保持初心，在纷繁复杂的信息洪流中坚持输出，持续写作。

每个人都是勾画未来蓝图的高手，有各种各样新奇、伟大的想法，但人生最重要的不是能想到什么，而是最后做到了什么。

行动力，才是一个人是否能逆袭和实现突破的关键所在。

告别拖延症，掌握行动主动权

学习了保持高水平精力的方法，明白了专注力的稀缺和重要，并掌握了有效保持专注力和提高行动力的方法，是不是就意味着一切都能高效运转了呢？

在实际生活和工作中，有时你还是难以避免发生一再拖延的情形，这不仅耽误了既定事项或工作的顺利推进，还很可能因此被顶头上司批评工作表现不佳，你也会因此变得非常消极和沮丧。

那么，该如何客观看待拖延，如何有效处理和避免拖延症的发生呢？这一节我们就来学习如何告别拖延症，掌握在行动力方面的主动权。本节要点：

- 拖延症的8种表现；
- 改善拖延症的10个技巧。

一、拖延症的8种表现

拖延是指推迟、延后需要完成的事情或任务。而拖延症是指自我调节失败，在能够预料后果有害的情况下，仍然把计划要做的事情往后推迟的一种行为。

通过上面的描述，你会清晰地看到拖延症有个非常关键的特征，就是这个人明知道拖延会产生有害后果，但还是主动去延迟。

所以拖延症并不只是说一个人的时间管理能力有问题，也不是说故意不去做事情的态度问题，而属于复杂的心理学问题。它反映了一个人在跟自身相处的过程中遇到了麻烦。

拖延症有很多日常表现，下面你可以对号入座对照一下：

（一）爱睡懒觉，闹钟没用

这一类人平时早上起床的时间就很晚，还经常赖床，别人叫他起床时总是叫不醒；甚至在任何时间，只要自己安静下来或者坐下来，比如坐车、看书、等待或开会的时候，他们分分钟就可以睡着。

因为没有任何睡眠障碍，甚至不该睡觉的时候也能立刻入睡，就会导致有些该做的事情没做，遗忘或者耽误了。

有时，为了养成按时起床的习惯，会设多个闹钟来提醒自己，但每次都要等到最后一个闹钟响起来，才挣扎着起床或是心里默默下决心明天一定早起，改掉赖床习惯，但接着又昏昏睡去。多次尝试以后，均以失败而告终，干脆就放弃了早起的念头。

（二）睡前刷手机，经常深夜睡觉

很多人在睡前会一直刷手机，浏览各种 App，一刷就忘了时间。因为长时间盯着手机导致眼睛发酸干涩，头晕眼花，才恋恋不舍地放下手机，此时已至深夜，因为第二天还要上班，累得不行一头栽在床上倒头就睡，结果本来要看的书，听的课一点都没动。

即使他们为了改变这种情形，给自己规定了入睡时间，但却经常因为刷手机而错过了计划好的睡觉时间，一旦发现的时候就太迟了；昏昏欲睡中不断告诫自己第二天一定要早睡，按时睡觉，但通常到了第二天仍然一样刷手机晚睡，甚至入睡时间推迟得更晚。

（三）玩游戏或看剧集，拖拉不想结束

对于游戏一族，他们一旦开始就很难结束，通关的快感和刺激让人欲罢不能，每次都想着打过这一关，或者再玩一关就不玩了，但结果往往是过了一关之后又继续下一关，一直熬到凌晨……

同样，追剧一族也是如此，他们一旦开始决定去看某部热门剧集，就身陷其中，一集接着一集刷着，完全不觉得无聊，时间也就在无声无息中流逝。

因为对游戏和追剧的"上瘾"，人们投入其中的时候，完全忘了时间的存在，而将自己本来想做的事情放在一旁，坐视不理了。

（四）很少准时，经常因各种理由迟到

这一类人把迟到当作了家常便饭，不管是自己主导的会议和见面、还是自己作为列席出现时，无一例外都不能准时到达，他们给出的理由各种各样，但无论如何都无法改变迟到的事实，只是这一次迟到的时间更多一些还是更少一些的区别而已。

为什么经常迟到？基本有两方面主要原因：

一是，他在做上一件事的时候，就是推迟开始的，所以也必然推迟结束，这样就传递到下一件事的开始也必然延误了；

二是，虽然前面没有安排什么事情，但是他就是选择了晚一点出发，所以只能晚点到达。比如他要参加外部的一个会议，抵达会议地点

正常的在途时间是 30 分钟车程，但是他一定要在还有二十几分钟甚至更少的时间内才出发，这样的话，不迟到才怪。

无论哪种原因，都说明他已经深深地养成了拖延的习惯。

（五）做不到准备充足，总是懒散、拖拉

有些人的拖延体现在做事懒惰上，明明知道做某件事之前必须做哪些准备工作，但就是懒得去做，或者随随便便凑合一下，硬着头皮去做一点。真实心态就是差不多就行了，走一步算一步。

如果一直是这样的做事态度，就算做了准备工作，可想而知其质量也不会好到哪里去。

要知道，一旦你把做事情的标准降低，那么标准很可能就会一直被无限地降低；拖拉的习惯一旦养成，就不愿意准时去开始，拖延症也就在不知不觉中形成了。

（六）总是要等到整点钟，才开始做事情

有些人习惯了每次做事情，都一定要等到整点钟才开始，如九点、九点半、十点……但事实是，通常拖到下一个整点到来的时候，他们可能也还迟迟没有开始。

比如你想开始看书，看到现在是 19 点 26 分，其实立刻就可以拿起书看，但就一定要等到 20 点才去看，这期间你其实也没有更重要的事情，无非就是刷刷手机、泡泡茶，甚至坐在沙发上发呆，总之就是不想马上行动起来。

仔细分析一下这种情况，有可能是为了追求某种仪式感，似乎整点开始做一件事才更让人舒服；但更有可能的是，你本心就不想去做那件要做的事情，只是在用"整点钟"给自己的拖延找了一个理由而已。

其实，如果想要去做一件事，尤其是并没有难度，在自己手边分分钟可以开始的事，哪有那么多借口可言？如果不是因为想往后拖延，根本没必要等到整点钟才去做，立刻动手开始就好了。

还有一种情形，虽然不是必须等到整点开始，但是本来计划好做一件事情，却很容易被一些小事情分散自己的注意力，比如翻翻闲书，喝喝咖啡，摆弄下手串等。他们还掩耳盗铃般地认为耽误这么一小会儿时间，问题不大。

殊不知，这些都是自欺欺人的做法，时间早已在不知不觉中浪费掉了。

（七）自己的房间永远凌乱，不整洁

这一类人做事情没有规划性，连自己的房间也邋遢无序，乱糟糟。本来有时间打扫，但要么借口自己工作忙没时间收拾，要么说好周末打扫，但到了计划好的时间宁可窝在床上睡懒觉、刷手机，也懒得起床整理房间，造成了拖延。

其实整理房间最难的就是开始，打扫过程中先不要关注细枝末节，太追求一步到位或者完美主义。

先大体整理一下明面上的杂物，有一个整洁的空间，然后有精力再去清扫诸如床下，沙发后等角落位置。不用想要一次性彻底打扫，这样其实很累也非常花时间，容易中途放弃。

（八）总是为做过的事情感到后悔

不少人应该会有这样的体验，会在做完某件事后感到后悔，常用句型就是："要是早一点动手就好了""当时我要是抓紧点时间就好了""当时赶一赶时间，还能多做一些"，诸如此类。

说这些话，看似总结出经验，下次一定能调整改正，但很多时候到了下一次，还是会循着之前的习惯，继续延误或拖拉，没有进行纠正。

以上 8 种拖延症的典型表现，如果在你身上出现超过一半以上，应该就会对你的生活和工作效率产生很大的负面影响了，也势必会产生无法完成任务的挫败感和焦虑感。

二、改善拖延症的 10 个技巧：

告别拖延症，让自己高效行动起来已经迫在眉睫，下面分享 10 个实用的技巧，帮你改善拖延状况。

（一）确定可操作的目标

做事情要提前设立目标，这个目标要是可观察、具体而实在的，不是那种模糊而抽象的目标，并且要有规定的时间期限，你可以参照第三章学过的 SMART 原则来制定目标。

为了让自己能尽快行动，不要把目标想得过于理想化，要学会从小事做起，选择一个自己容易接受的目标，就更容易让自己开始。

同时，也不要将目标设成"我要停止拖延""我绝不会再拖延"这种喊口号式的，而是应当设定成"我要在几点开始去打扫卫生，整理东西""我会每天花一个小时学习英语"等涵盖具体行动的，需要听上去切实可行。

（二）持续拆分你的目标

不可否认的是，人们通常会向往简单和安逸。那么如果你要完成的目标看起来比较复杂，或者比较遥远，大脑很容易就会产生畏难情绪，束缚你的手脚开始行动。

为了缓和这种情绪，你可以尝试将复杂的总目标拆分为一个个简单易行的子目标，如果需要，可以**将这些子目标持续拆分成小目标，一直拆分到"你忍不住动手开始做"为止**。等这些小目标都逐一完成了，就会帮助你最终完成总目标。

举个例子，你的总目标是扩大英语词汇量，最初的目标是每天背300个单词，但你真正开始做的时候，发现无法完成，于是立即减半，改为每天背150个单词；如果还是无法完成，再减半到每天75个……以此类推，你发现最终的下限是每天背1个单词。

到这里，你是不是觉得从300个减到1个是不是也太夸张了？背1个单词跟没有背有什么差别？

其实，有本质区别。这里说的背1个单词，1只是下限，不是上限，也就是说你最少背1个单词，背多了都是你赚到的。

所以，**不断拆分目标**，当目标小到你分分钟就能达成，你会更有动力去开始，增强自己的信心和成就感，这样的正向激励，会让你进入良性循环，也是继续行动的动力。

（三）现实地对待时间资源

不管你做什么目标或计划，都要理性而现实地去面对时间概念这个问题，包括花费时间和空闲时间，具体来说就是：

- 完成这项工作、任务或项目，预计要花费多少时间才能完成？
- 你自己全心投入的时间大概是怎样的？
- 为可能发生的意外或突发状况，整体需要预留多少缓冲时间？
- 查看自己后面日程表中的空闲时间，有多少能拿出来投入到该事项？
- 如果空闲时间不足，如何重新调整日程表和任务计划？

经过这样的盘点，你就会清楚自己手上的时间资源是否可以支撑你的目标，不要天真地以为自己有无限多、充足的时间能去完成任务。

（四）留意你是否经常为拖延找借口

如果你习惯性地利用借口来拖延原本计划要做的事，那么现在请你转变思路，将你曾经找到的那些"借口"作为完成计划一个步骤之后的奖赏。

举个例子，以前你对自己说：

"因为我太累了（或太饿了……），所以这件事我现在要放一放，过一会儿再去做。"

现在，你把它改成：

"因为我累了，所以我将只花二十分钟写一下报告，做完了我再休息一下。"

"因为我饿了，所以我将只花二十分钟写一下报告，做完了我再吃东西。"

位置关系一调换，原来的理由变成了推动你做完一个步骤的小奖励，你是不是更有动力先去完成这件事呢？

（五）不要追求完美，只管开始做

脸书（Facebook）首席运营官谢丽尔·桑德伯格曾经在她的《向前一步》一书中提到过，在脸书总部张贴的一幅海报上印着大大的红字：Done is better than perfect，意为：完成，好过完美。

的确如此，没有做完，何谈完美呢？一旦为了追求完美，就会容易陷入细节的论证而忽略了行动本身，有时即便开始去做了，也会因为局部的不完美而灰心丧气，暂停或放弃。

正所谓"先完成，再完美。"追求完美的前提是先完成。因为只有完成，

你才有机会根据时间、精力和手头资源对细节做出调整和修正，朝向理想的目标继续努力。这个调整的过程，也是成就感和价值实现的过程。

想要一步登天，一下子就想把事情做到极致，是很不现实的，也是导致很多人有严重的拖延症的重要原因。

想要改善拖延症，最重要的是你要开始去做，或者选择最便于你马上去做的方案。

举个例子，你想去健身房锻炼，现在有两家软硬件设施差不多的健身房，你选择哪一家呢？

健身房 A：离你家需要 20 分钟车程，年卡需要 6000 元；

健身房 B：在你家小区门口，年卡需要 8000 元。

单纯从年卡金额上考虑，大部分人会选择 A，但你有没有想过，因为每次去都要开车或打车 20 分钟，有的时候你一犯懒，可能就算了，不想去锻炼了，一年过后你总共也没去几次，年费中的一大部分也白白浪费了。

所以，如果你想避免这种拖延情形，我一定会建议你选择 B，虽然年费高一些，但是因为一出小区门就到健身房，会非常便利容易地促使你行动，你就更有可能将锻炼这件事坚持下去，而不是拖延或放弃，这 8000 元做到钱尽其用，发挥了价值，就没有白花。

行动是改变的开始，当你有"我要马上把事情都做完"的想法时，不如改成"我应该先做什么"，这样反而不会给自己压力，而是先去做力所能及的部分，改善拖延。

（六）充分利用最后的 10 分钟

有些时候，你可能会瞧不起空闲出来的 10 分钟，似乎在这么短的时间，也干不了什么事情，所以本来应该去做的事情，也会拖着不去做。

但事实是，我们的时间都是由一个又一个 10 分钟组成的，不要浪费这个时间，你完全可以利用这部分时间，去思考如何能将事情做得更好。

这些"10 分钟"在哪里呢？比如等餐的 10 分钟，下班前的 10 分钟，等公交或地铁的 10 分钟等，都可以充分利用起来。

拿下班前 10 分钟举例，利用这个时间就能做以下事情：

- 对今天做个小结，有哪些收获，哪些教训；
- 将今天未完成事项列成清单，并做备注；
- 对明天待办事项提前做个列表和小计划；
- 查看明天日程安排，是否有需要提前准备的材料；
- 发邮件给今天曾帮助过你的同事表示感谢；
- 发邮件给同事善意提醒她曾答应明天发给你一些资料；
- 询问领导是否还有其他交办事项。

我非常喜欢利用这段时间提前看看明天的会议安排，对自己要汇报或发言的材料做快速预览，这样就可以胸有成竹地迎接第二天的会议。

（七）为困难做好心理准备，提高做事的动机

因为担心失败或遇到困难，所以就拒绝开始，这也是有些喜欢拖延的人的心理状态。

遇到困难，并不是说你的个人能力或价值有问题，你也不要因此对自己产生怀疑。困难只是解决任务所必须面临的一个问题而已。

所以，为了强化完成这项任务、做这件事情的动机，增强自己开启行动的动力，我建议你问自己如下两个问题：

- 做这件事，我是自发自愿的，还是被人命令做的？如果没有选择，必须做，我能从中学到什么？获得什么收获？我可以做哪些新尝试？

- 对于完成这件事，我有能力足以胜任吗？如果暂时没有，我能在短期内迅速提高能力，或者有可能对目标进行调整吗？

（八）保护你的时间，学会说"不"

在工作中，难免经常会被人打扰，你因为不好意思拒绝，只好停下手头的事情去协助对方，那么自己本应该完成的事情就会无限拖延下去。

针对那些不属于你分内的工作、额外的、不紧急、不必要的事情，你要学会降低干扰，主动建立起自己的边界，跟对方委婉说"不"，这样才能免于经常被迫中断在做的事情。

这么做的前提是你需要改变过往的认知。比如以前你的认知是"我必须对任何需要我的人有求必应"，现在就要改成"在工作的时候，我没必要接听电话，回复邮件或马上去做同事请我协助的事情。我可以过半个小时集中处理"。

（九）注重过程，对自己在过程中的进步有所奖励

提到奖励，你是不是以为只有当自己真正顺利完成任务或做完某件事，才有资格给自己一份奖励？

不，你不必等到看到了结果，等到一切结束后才这么做，也不要感觉只有做完全部事情才是对的。

其实在做事的整个过程中，只要你努力，用心，有点滴进步，或者事情已经在朝向好的方向发展，你就应该重视并给自己设定奖励，用以不断鼓励自己，让自己对接下来的投入更加有动力。

比如，在学习一门新软件使用的过程中，只要掌握了基本技能，你就可以用一顿美味的大餐犒劳自己；随着学习难度和广度的加深，你可以给自己做一个规定，完成哪部分，就给自己一个小的奖励。持续的正

向反馈和激励,会让自己做起来干劲十足,不再拖拖拉拉。

(十)将拖延看作一个信号

一旦出现拖延这个念头时,你不必回避,也不必自责和沮丧,可以停下来思考:自己在拖延的时候是什么感受?这一次拖延意味着什么?我可以从这种觉察中学到什么?

比如你可以问自己:"拖延传递给我的是什么信息?是懒散、没意愿、身体疲惫、目标太高还是完美主义……"

当你能正视自己似乎又开始要拖延的时候,这已经是一个小进步,因为虽然意识到了拖延,但你却不一定真的就拖延了,你可以选择继续行动和做事情。

如何应对完全取决于你自己的选择。你可以从这种自我反思和洞察中学习、成长和挑战自己,并获得快乐。

以上就是改善拖延症非常有效的思维和方法,建议你一定尝试和实践。

综上,识别出自己有拖延行为没关系,更重要的是摆正心态,客观理性对待,并找到自己拖延的原因所在,然后选择适合自己的方法一步步去改善和调整。

不再拖延,你的情绪状态会更加良好,不再焦虑和倍感压力。不被当下的事情限制住,你就有更多的时间和精力投入到更有价值的事情上。这样,你往往能够先人一步行动,把握更多的时机与优势。

当你能有条不紊地完成自己的目标和规划时,主动引导和规划生活的节奏,而不是受其支配,你对生活和工作就更有主动权和掌控感。这样的人生难道不值得追求和为之付出努力吗?

第五章

问题解决：
成为问题解决高手

6个步骤，
高效解决问题

电视剧《士兵突击》里有一句话，给我留下非常深刻的印象：

"过日子就是问题叠着问题，你唯一能做的，就是迎接这些问题。"

的确如此，不管是应对生活琐事，还是顺利完成职场工作，其实我们都是在不断地解决各种各样的问题，并在此过程中让改变发生，让自己成长和进步。

遇到问题，有些人不知从何入手，听天由命；有些人忙了半天，却对问题的解决毫无帮助；而有些人却总能风轻云淡，轻松化解所有困扰。

这之间最大的差别在于，你到底是被动接受结局，还是通过处理问题改变结果。

当你掌握了解决问题的步骤和方法，处理问题的能力也会越来越强，本节要点如下：

• 解决问题的 6 个步骤；

• 填坑力。

一、解决问题的 6 个步骤

无论在工作还是生活中,当遇到问题,尤其是稍微有点复杂的问题的时候,每个人的反应都不同,有的人立刻觉得头皮发麻,思维混乱,以至于不知所措;有的人社会经验丰富,会凭借下意识的行为和直觉来处理问题;有的人则不急不躁,依据一定的思维框架抽丝剥茧,梳理问题后再做决策。

其实,方法没有优劣之分,主要看是否适合解决当下的问题,以及你本人是否能熟练使用这个方法。

这里我介绍解决问题的 6 个步骤,用以在遇到复杂问题的时候不再无从下手,从容应对。

(一)步骤 1:分析根源、拆解问题

问题的出现是结果,想要从根本上解决问题,就要去分析问题出现的原因,找到根源,并且对问题进行拆解。

1. 分析根源

如何才能把握和找到问题的根源呢?

运用连续追问法,通过不断追问"为什么",一层一层问下去,一般连续问五个问题,你基本就能探究到问题发生的根本原因,这样就为后续找到解决问题的最佳方法提供了重要依据。

所以,解决问题的前提是能清晰地确定问题产生的根源。

举个例子加以说明。

你现在面临的问题是:上司安排你完成一份报告,但你在执行过程中总是延误上交,你决定以后不能再次发生此类事件。

针对这个问题,你就可以用连续追问法,对自己不断追问去寻找问

题的根源。

第一个问题：为什么我交报告总是延误？

答：因为搜寻报告的背景信息占用了我太多的时间。

第二个问题：为什么搜寻信息用了那么多时间？

答：因为我对问题的背景不了解，在网上搜寻时，发现很多都是无用信息，找不到、也很难过滤出关键内容。

第三个问题：为什么只使用网上搜寻这一个方法，而不找人交流请教一下？

答：因为不想麻烦公司里资深的同事。

第四个问题：为什么你不想麻烦有经验的同事？

答：因为担心自己被拒绝。

第五个问题：为什么担心被拒绝？

答：跟他们不太熟悉，以往工作过程中自己有些被动。

如果你没有试图去找出问题的根源，只是针对解决以后不再发生延误交报告这件事，你可能做的只是去再抓紧一下时间，多加几次班。而这么做却并不能起太大作用。

但是经过问题追究的过程，一连串五个问题的追问，你已经找到解决问题的原因。事实上，你需要解决的问题是，如何先主动联系有经验的同事，向他们请教相关问题，得到大体思路和有用的建议。接下来再去网上有针对性地搜集信息，这样就会大幅减少无效工作，提高工作效率。

2. 拆解问题

找到问题的根源后，你还要进一步去分析其中有哪些关键要素，并将复杂的大问题拆分成简单的小问题。

如何拆分呢？运用第二章学过的思维导图的方法，按照逻辑关系画出来，用以厘清自己的思路。你可以按照下面的顺序去思考：

首先，和这个问题相关的因素有哪些？

其次，是不是所有的因素都考虑到了？

再次，有没有没考虑到的遗漏因素？

最后，以上所有因素中，哪些是最重要的，哪些是次要的？

我们还以上面写报告一事举例，你现在面临的问题是：上司安排你完成一份报告，但你在执行过程中总是延误上交，你决定以后不能再次发生此类事件。

你找到问题的根源是：自己没有主动先跟有经验的同事去请教，因此浪费了大量时间在网上搜寻无用信息。

你继续将这个问题进行如下拆分，分解为几个小问题：

• 哪些同事对这个问题有经验？

• 如果想跟这些同事面对面请教，如何才能让对方接受自己的邀请？

• 是否想清楚自己要向对方请教哪些问题？

（二）步骤2：搜集信息和相关案例

分析和拆解完问题，找到原因后，下一步要**搜集跟解决方案有关的信息和案例作为重要参考**。

1. 搜集信息

寻找解决问题所需要的资料和信息。有了充分和翔实的信息，才能有助于深入思考这个问题和解决办法。

2. 寻找案例

先确认一下这个问题之前是否遇到过，别人或者同行是如何解决的？如果遇到过，就找到其对应的解决方案。

但如果暂时没遇到过，也可以多看一些其他类似的案例，帮助拓宽思路，提高自己分析问题和解决问题的能力。

3. 运用模型

这里的模型，是指掌握一些用以解决问题的基本模型，比如结构化思维、归纳总结等这些能帮助人思考得更加全面，思路更加清晰的解决方案。

（三）步骤3：集思广益、思考方案

分析了根源，也搜集了足够多的信息，接着你就要**开动脑筋，发散思维**，运用头脑风暴的方法，将所有可能的潜在解决方案都逐一列举出来。

如果是多个人一起参与，千万不要去否定大家提出的任何想法和提议，哪怕有些看上去不大合理也没关系。

只有鼓励大家敢想、敢说，集思广益，这样才能激发大家的创造力，想到更多的方法和方案。接下来再按照一定的标准对这些方案进行充分地讨论、甄别和筛选。

（四）步骤4：选择方案，制订计划

头脑风暴后，你能想到的绝不只是一个方案，大概率是两个以上，该如何做选择呢？

你可以根据时间、资源、可能性和难度等维度制定评估标准，并将备选方案逐一打分。评估标准如：

- 每个方案，各自需要多少时间完成？
- 每个方案，各自需要多少资源（人、财、物等）？
- 目前自己手头的可用资源有哪些？

- 备选方案各自需要的资源与可用资源是否有差距？差距分别有多大？
- 每个方案，各自的实施难度如何？

经过打分和筛选后，选择最适合的作为首选解决方案，并制订相应的执行计划。

（五）步骤5：测试改进，优化方案

在执行计划的过程中，可能会遇到意外或突发事件，如果没有做预案，就会承担极大的风险，影响问题的解决。

为了避免这种情况发生，**先对方案进行测试**，在小范围内，用低成本的方式对每一个问题当中的要素不断试错，然后对方案进行相应的改进和优化，逐步推进，直到最后解决问题。

举个例子，为了优化公司报销流程，作为财务部经理，你草拟了一份报销政策，并先选择了在西北地区（小范围）销售人员中开始试行半个月。

在这期间，你们从报销额度、审批级别等不同的维度进行测试，的确遇到了一些具体的问题，于是根据实际情况将报销政策做了进一步优化。两周后，又推广到南区销售人员中试用，经历了一个月的调整、改进后才真正在全国各地区正式实施。

（六）步骤6：总结问题，积累经验

解决了问题以后不是就此结束，在思考、实践、执行、测试和优化过程中，有很多值得记录和积累下来的经验、方法和工具，要记得加以总结存档。

这样以后不管是自己还是他人再遇到同类问题时，就不必每个步骤

都重走一遍，可以直接将方法用起来，快速让问题迎刃而解。

我们来总结一下以上解决问题的 6 大步骤：

- 第一，通过不断问"为什么"的方式，一层层分析和找到问题的根源；同时要把大问题拆解成小问题，厘清思路；
- 第二，去搜集跟解决方案有关的信息和案例作为重要参考；
- 第三，用头脑风暴的方式，发散思维思考哪些方案可供选择；
- 第四，对各方案进行打分和筛选，选择最适合的作为首选解决方案，并制订相应的执行计划；
- 第五，小范围、低成本地不断试错，对方案进行调整和优化，直到最后解决问题；
- 第六，总结存档此次经验和方法，遇到同类问题时，可以直接使用。

二、填坑力

以上 6 大步骤，能广泛用于解决生活和工作中遇到的很多问题。除此之外，职场上我们还需要另外一项非常关键的能力用以解决问题，这就是"填坑力"。

我经常遇到这样一些学员，他们跟我诉说遇到的困扰："每天辛苦工作，对领导的话言听计从，但一到升职加薪，就没自己什么事。"

我就问他们："你说自己任劳任怨，领导说一句，你照办一件；领导没说的，难道你就不去做吗？"

他们回答："我只要本分地做好领导交代的事情不就行了，为什么要去做领导没说的事？"

站在员工的角度，这样的回答乍听起来没错，但实际上却隐藏着一个巨大的认知差距。

站在领导的角度，他根本就不是这么想的。他们的真实想法是："如果下属都不需要我手把手去教，每个人都能独当一面，替我多想想，那该多好啊。但如果干什么都要我推一推，他们才动一动，我不要累死吗。"

这反映了一个现实，其实很多下属并不理解领导的想法，缺乏为领导解决问题的能力，也就是上面谈到的"填坑力"。

所谓"填坑力"，就是主动帮领导解决问题，凡事想到领导前面，尽最大努力帮他分忧解难。

那么想要具备填坑力，该具备什么素质呢？有如下三点：

- 站在领导的角度；
- 善于调动人和事；
- 及时汇报和复盘。

（一）站在领导的角度

如果你做事情习惯于从自己的角度出发，不懂换位思考处理问题，就不会得到领导认可和信任。

当领导布置一项任务时，你的脑子里立刻开启线性思维，交代 A 就做 A，交代 B 就做 B，平时缺少对领导的言行和思维方式的深入观察，所以对领导的真实想法和背后意图并不清楚或者漠不关心。

举个例子，领导让你去查一组行业数据，你二话不说就上网收集信息，忙了一整天把结果交给领导。领导看后却一点都不满意，因为这些信息太过陈旧，对自己一点用都没有。

为什么自己辛辛苦苦干了这么多活，领导却不满意呢？

事后你才知道，领导要的这组数据是要用于向高层汇报的文件中，所以数据要能证明所在行业是快速发展，有前景的，而你忙了半天收集到的信息早已过时，明显没什么用。

问题的关键是，领导在给你安排工作的时候，你当时为什么不认真思考一下，领导要这组数据是用来做什么？要达到什么目的？领导的期望是什么？

这些问题你都没有确认，没有想清楚，没有站在领导的高度，去仔细了解任务的前因后果和来龙去脉，而匆忙展开自己的工作，辛苦半天却毫无用处甚至南辕北辙，导致被领导嫌弃和反感，这难道不是作为下属最大的失败和悲哀吗？

所以，**想要替领导解决问题，一定要学会并习惯于凡事设身处地从领导的角度出发，站在他的位置上思考，如何能快速、高效地解决问题，如何做才能使部门和公司的利益最大化等。**

（二）善于调动人和事

有些人完不成任务或工作，会找出各种各样的理由来搪塞，比如找不到联系人，对方一直没回复，别人不配合等，总之都不是自己的问题，是别人的问题。

这些理由在他们自己看来言之凿凿，但在领导眼里却一文不值，而且还会给其扣上消极推活的帽子。这样的人不仅不能帮领导解决问题，更有可能是拖后腿，延误工作，错误不断。他们不会通过调动人和事来推进工作，完全不具备"填坑力"。

那么如何才能让自己善于调动人和事呢？

第一，积极主动想办法。

除了一些非常简单的工作外，你会发现领导在交代任务的时候，可能一时还没有现成的答案，或者当时他没那么多时间跟你做过多的解释。

等你开始去做的时候，却发现自己对有些问题并不清楚，又不敢随时去问领导，担心被领导认为自己的工作能力很差。

这个时候，我建议你千万不要坐以待毙、被动等待，要开拓思维，主动想出多种解决方法供领导选择，比如：

- 设想在几种不同的场景或者条件下，对于完成该任务有哪些不同的方案？然后集中向领导去确认，说不定哪一种情形就是领导心目中想要的；
- 找一些资深或者有经验的同事聊一聊，听听他们是如何看待领导交代的这个任务的，领导的深层次想法大概有哪些，他们有何建议。然后你也要制定出可能的几种方案，再跟领导去确认。

第二，**调动他人积极性**。

很多时候一项任务的完成不能依赖于一个人，而需要协调多个部门和同事共同完成。这时如果你遇到别人没时间或者不配合，其实都很正常，不用因此就沮丧和愤愤不平。

因为这个任务对你来说很重要，但对别人来说却不是，他们手头也许还有比你这个任务更加重要和紧急的本职工作。

但如果因为别人不愿意配合，你就决定放弃，并以此为理由回复领导。领导嘴上可能没说什么，但其实心里已经对你有想法，认为你能力欠佳，于是将这项任务交给其他能干的人，给别人发挥才干的机会，以后有再好的机会，他也很少会再考虑到你。

所以，遇到问题的时候，你要仔细去了解别人不配合的原因，并主动进行沟通和协调，充分调动他人合作的积极性，用高情商沟通方式说服和影响他人，团结一致完成任务，你的成绩和能力就会得到领导认可。

第三，注重高质量的结果。

这点也经常被很多人忽略，他们只关注自己做了多少工作，付出了多少辛苦，以为这就是完成了工作。至于效果如何，结果怎么样，就似乎不太关心了。

其实任何一个领导或组织更关心的是结果而非过程，尤其在一个高效组织中，更强调的是结果导向。当你动用了公司的人力、资源和资金，却没把事办成，这种局面肯定是领导不愿意看到的。

因此在执行任务过程中，你要时刻提醒自己，这么做会有什么样的产出，距离目标差距多大，如何才能尽快达成目标，而不是陶醉于执行任务的过程本身。

（三）及时汇报和复盘

"填坑力"还有一个重要的方面，就是一定要懂得及时向领导汇报进展，总结和复盘项目。

当一项任务不是一两天就能完成时，就要定期向领导汇报。这样既可以让领导帮忙把握方向，又可以请领导提建议，当然更重要的是让领导知道这个项目在可控范围内。你的汇报内容应该包括：

- 项目处于什么阶段？
- 阶段性成果是什么？
- 是否遇到困难？建议是什么？需要什么资源解决？
- 下一步计划和目标是什么？

另外，当任务如期并顺利结束时，写一份总结报告交给领导，不仅可以展示你的归纳和总结能力，还可以提升领导对你的信任和好感度，形成靠谱印象。

综上所述，解决问题需要 6 大步骤，职场上也要注重培养"填坑力"来解决问题。当你掌握了方法，养成了习惯，你会发现，自己能有效解决的实际问题将会越来越多，那么你本身的行为能力及应变能力也在不知不觉中稳步提升。

不论工作还是生活，我们永远都在不断地面临挑战、遇到困难并解决问题。当你成功地解决了一个问题，这并不是终点，你会继续遇到新问题，然后开始新一轮的循环，如此反复。

所以，要明白解决问题是人生的常态，遇到的问题本身就是一种机遇。在这种机遇下，不仅提升人们解决问题的能力，更能让人持续获得思维和行动上的迭代和成长。

结构化思维，
让思路和方案清晰高效

职场上你总能见到或者亲身经历过如下尴尬场面：

- 领导交代你写一份报告，你想了半天不知道从何入手，也不清楚如何搭建 PPT 结构；
- 向领导汇报工作，啰里啰唆说了半天，领导都没听明白，不知道你的重点在哪里，而别人说了几句话，领导就频频点头；
- 公共场合发言时，非常紧张，思维混乱，想起什么说什么；
- 与别人沟通工作时，总是讲细节，让对方没有耐心，不知道如何配合；
- 需要出方案、做决策的时候，常常感觉脑子里充斥着太多的信息，杂乱无章，无法形成一个完整的解决方案……

其实，以上这些现象的出现，通通指向了一个问题：缺乏结构化思维。

人的大脑处理不了太多零散而复杂的信息，如果没有一个有效的结构对这些信息重新组织并进行存放，大脑就会不堪重负，失去创造力，工作效率自然低下。

所以，在解决问题之前，一定要先找到一个结构或框架，将自己所掌握的所有零散、碎片化的信息和内容放进去，并进行归类，就更有利于快速和容易地解决问题，这就是所谓的"结构化思维"。

结构化思维，能让我们在一团纷繁复杂的信息中厘清思路；在传递信息的时候想得清楚、说得明白；在分析和解决问题的时候，化繁为简、有条有理。

本节将分享四个能够高效锻炼结构化思维的工具：

- 金字塔结构；
- 流程化思维；
- 用户角度思维；
- 广度和深度思维。

一、金字塔结构

提到结构化思维，最经典的模型自然是金字塔结构。金字塔结构采用先总后分的方式，从上往下纵向分解为同级类别，在横向的同一层中，将归属同一类的各项进行组合，用直观的方式展现了结论、理由（论点）、事实（论据）式的结构，如下图所示。

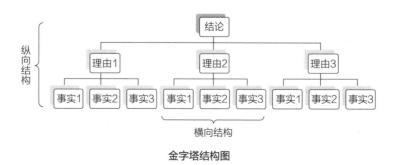

金字塔结构图

金字塔结构一点都不神秘，在工作中金字塔被最广泛应用的场景就是组织架构图。

不管你在公司还是在体制内单位，都一定会有一张展示组织内各职能部门和管理层级的组织架构图，比如下图就是一个简化版：

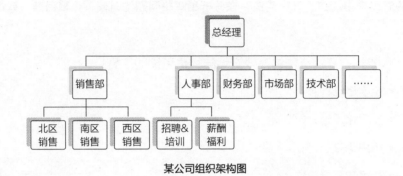

某公司组织架构图

在这张组织架构图中，按照汇报关系和管理层级一层层分解，让人对该组织的内部结构一目了然。

金字塔结构有四个特点：先给结论、以上统下、归类分组和排序逻辑。

（一）先给结论

职场中每个人都很繁忙，领导的时间更是尤为宝贵，根本没兴趣去听太多的细节。所以不管你进行口头的工作汇报，还是撰写 PPT 汇报文件，**一定要结论先行**，把你的观点先说出来，这样才会让别人更加聚焦，**对你的内容感兴趣**。

否则，你先说一堆理由，列举一堆事实，领导就会云里雾里，不知道你讲了这么多到底想要说什么，你有什么观点，重点在哪里。

（二）以上统下

这就是上图中展示的纵向结构，在这个金字塔结构中，下一层的事实或论据一定是服务和支持上一层的观点或结论的；下一层的事实或论据也总是围绕上一层的关键词进行详细说明或论证的。

能支持上一层的观点的论据或事实有哪些类别呢？比如：

- 实例；
- 数据；
- 常识；
- 公司政策、规定；
- 领导的决定、判断。

举个例子，作为公司财务经理，你打算向领导建议公司对某产品涨价10%，对于没有结构化思维的人，可能上来就会这样说：

"领导，我发现最近公司产品的原材料很多都涨价了；刚才物流公司又打电话说要增加物流费用，我又请同事打电话多问了几家物流公司，都说要加价；销售又跟我反映说竞品也都提价了；还有，昨天跟集团开会，对我们财务又提出了利润方面的要求……"

作为领导，听到这样的汇报，会感觉信息很散乱，让人一下子摸不着头脑，他不知道你说了这么多，到底想要表达什么。

的确如此，这样的汇报并不符合金字塔结构的"先给结论"和"以上统下"的特征，而下面的汇报方式就是一个正确的示范。

基于建议涨价这个观点，下面分别列出三点平行的理由：原材料价格上涨20%（包括物流成本增加），竞争对手同类产品涨价

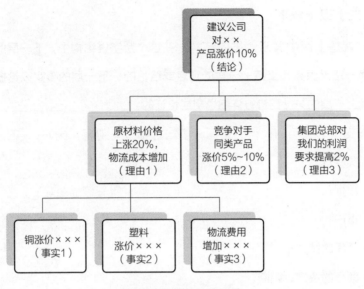

建议公司涨价的汇报示范

5%~10%，集团总部的利润要求要提高2%。并且在每个理由下面又详细给出了具体的事实加以证明。

这样的表达和论述，使观点的陈述非常有说服力，有逻辑思维和全局观，显然会更容易获得领导的批准和支持。

（三）归类分组

金字塔结构在横向分组这个环节非常重要，你要遵循如下两个大原则对横向的元素（论据、理由或事实）进行分类：

1. 原则一：遵循 MECE 原则。

在第二章中，我们讲过 MECE 原则，意思是"相互独立，完全穷尽"，也就是彼此不重合，且完整无遗漏。

所以，你在列举横向元素的时候，就要保证各元素间彼此独立且不重不漏、完全穷尽。

下面这些方法，可以帮助你尽量将元素的分类达到 MECE 原则：

（1）二分法：将元素分成 A 和非 A 两部分。

比如，销售职能和非销售职能；男员工和女员工；工作 10 年以上的员工和 10 年以下的员工等。

（2）象限法：按照横轴和纵轴分为四个象限。这四个象限就可以作为四个元素。

比如，我们在第四章提高行动力部分学过的时间管理四象限法，将工作按照重要和紧急两个维度进行了划分，分为四类：重要且紧急、重要不紧急、既不重要也不紧急和不重要但紧急。

（3）流程法：按照事件发展时间顺序、先后顺序、主次顺序等逐一列举，组成元素。

比如，领导请你写一份入职流程图，按照时间顺序，你将入职流程分解为：

- 新员工到 HR 部门报到，继续分解为：签署劳动协议，领取员工 ID 卡……
- 新员工到部门领导办公室报到，继续分解为：自我介绍，跟领导面谈，领导介绍部门……
- 领取公司电脑，开通邮箱，继续分解为：IT 部调试，下载软件，测试邮箱……

（4）列举法：按照不同的主题，列举细节作为组成元素。

比如，你要做一个工作经验分享，列举出三条经验：制定明确的目标、高效执行计划和定期总结复盘。然后还可以针对每一类经验继续列举细节加以说明。

再比如，针对某项工作的改进汇报，你可以细分这样几个主题：先说现状，然后给出几种改进方案，各自的细节如何，以及你建议选择的方案是哪一个。

（5）公式法：按照公式的组成要素进行分类，这个方法主要用于做专题的学术主题研究。

2. 原则二：同一层分类中的元素，不能跨越不同层次，比如向上或向下移动一层。

举个例子，蔬菜和水果处于同一层。蔬菜中有白菜、黄瓜、茄子等；水果中有苹果、葡萄、橙子等。白菜和苹果属于同一层，但白菜不能和水果放到同一层。

下面再列举一些分类供你参考：

- **按时间分组**：事前、事中、事后；短期、中期、长期；过去、现在、未来；
- **按公司层次分组**：公司层、业务层、职能层、运营层；高级管理层、中层管理层、基层管理层；团队、个人；
- **按方向分组**：对内××、对外××；内部××、外部××；内因、外因；收入、支出；
- **按客户类型分组**：制造厂商、代理商、零售商、终端消费者；品牌方、渠道方。

你要根据所在组织习惯的划分方法做具体分类，保证在横向分组这个环节能做到客观、全面、有逻辑、有层次。

（四）排序逻辑：两种关系，即演绎论证和归纳论证。

演绎论证：从一般到个别。 从普遍性结论或一般性事理中推导出个别性结论。普遍性结论是依据，个别性结论是论点。

归纳论证：从个别到一般。 搜集大量的个体证据，通过论据推导出可信的一般性结论。

我们还拿上面对某产品涨价10%一事来举例，运用上面两种方法说服领导批准产品涨价。

用演绎论证法这样汇报：

"领导您看，一般来说，集团总部这边对产品涨价的指导原则是，只要原材料上涨幅度超过8%以上，各地区就可以考虑自行涨价（普遍性结论）。我也看了最近的供应商采购记录，原材料都已涨了10%左右，符合总部的指导原则，建议咱们产品涨价10%（个别性结论）。"

用归纳法论证法这样汇报：

"领导，我建议产品涨价10%是基于如下三点理由：第一，最近原材料价格上涨20%，其中铜涨价××，塑料涨价××，物流成本增加了××；第二，竞争对手同类产品涨价5%~10%；第三，集团总部的利润要求提高2%。（三点个别证据）因为这三点原因，我们也需要将产品价格涨价10%才能覆盖上涨的成本和利润的要求。（一般性结论）"

无论哪种论证方式，都是为了让信息的排列具有逻辑性。这样，我们和听众的大脑，在看到或听到后，对这些信息加工处理起来就会得心应手，迅速找到重点和关键结论，否则就会陷入一片混乱。

金字塔结构是非常基础、经典的帮助进行系统化思考的工具，经常被广泛应用于工作和生活中。

二、流程化思维

流程化思维，是针对要处理的问题或者要开展的职场活动（项目、任务或事项），按照步骤或者时间的先后顺序，将问题或事项由大到小、从头到尾或分步骤进行全盘梳理，将该活动设计成一种系统的思考模型。

（一）流程化思维的要素

流程化思维需要具备如下要素：

1. 投入资源

保证该职场活动顺利进行所需投入的资源，包括时间、人、财、物等。

2. 活动属性

要明晰该职场活动本身的属性，如招聘会、产品推广会、展览会等。

3. 先后顺序

在该职场活动的流程中，因为涉及多个任务，所以要搞清楚这些任务之间的顺序，是同时进行，还是先后发生等。

4. 输出结果

要明确完成该职场活动要达成的最终目标。

5. 参与人员

该职场活动的负责人是谁，有哪些人需要参与，他们各自需要做什么，承担什么责任。

6. 落实价值

该职场活动的完成，能给参与人员带来什么价值。

要想把流程做得更好，把事情做得更完美，这六个要素缺一不可。

（二）创建活动流程

创建职场活动的流程，需要构建三部分，分别是：**准备阶段、主活动流程和收尾阶段。**

准备阶段：制作计划和进行相关的准备工作。

主活动流程：梳理出该职场活动的主要环节，并用流程图画出来，清晰地把握各任务，各环节和不同情况的流程走向。

收尾阶段：对该活动进行追踪和复盘。

以下分别举出两个例子帮助你进一步理解。

例子 1：关于会议管理的流程

事项	准备	主活动流程	收尾
会议管理	会议日程安排 参会人名单确定 会议时间敲定 资料收集和准备 会议室预定 会议通知 会前提醒	领导开场 演讲者分享 内容答疑 问题讨论 决策通过 下一步行动 会议结尾	会议资料发放 行动跟进 结果通报 会议纪要归档

会议管理流程

这张流程图包括了准备、主流程和收尾三个阶段，有了这样一张图，你对如何召开和管理好一个会议，就有了非常清晰的认识。哪怕你之前没有召集过这样的会议，但如果能把这张图充分利用好，照样可以开出高效会议。

例子2:"集团CEO特别奖"评选流程

各部门VP	各部门员工	人力资源部	管理委员会	CEO	获奖员工
提名优秀员工（最多2名）	投票确定1名员工				
填写推荐表		汇总各部门优秀员工名单			
		资格审核	讨论后确定1名优秀员工		
		公布评选结果		为获奖人颁奖	发表获奖感言

公司内部评选流程图

　　这张流程图是关于公司内部的一个评选流程，准确地说是"主活动流程图"，将这件事最核心的流程和环节清晰地展示出来。落实到计划表中，你只需要在前面增加"准备"和后面的"收尾"两阶段的工作即可。

　　以上这两个例子都是关于如何梳理一个职场活动的流程，帮你进行结构化思考，从而更加明晰如何开展工作，实施计划。

　　在实际工作中，职场活动的流程需要根据企业实际发展而有所变化，做好的流程也需要适时优化调整。

三、用户角度思维

用户角度，就是站在对方的角度思考和分析问题，进而提出建议和解决方案。这里的用户包括你的领导、同事、客户、使用者等。

如何做到站在用户角度考虑呢？

（一）明确用户

先要明确此次职场活动要面对的对象是谁？是一个人，还是多个人？内部人员，还是外部人员？

用户不同，组织和设计活动的细节也要有所区别。比如同样是做一个新产品说明，你要先知道是面对公司内部的销售人员，还是面对外部客户。

（二）了解用户

明确了用户，接着就要分析用户的特点、需求、沟通风格和习惯等。这样在给出建议、制定方案、安排活动的时候，就会更有针对性，效果也会更好。

（三）表达信息

根据用户的风格和特点进行书面、电话或是面对面的沟通和表达，呈现能让对方顺利无误解读的信息。

比如，介绍新产品时面对的受众不同，传递的信息也要有所区别。

如果你的对象是销售部人员，他们会关注产品的目标客户、卖点、价格和利润情况；但如果对象是技术部人员，他们会更关心产品的技术参数，采用了哪些新技术、新功能等。

(四)明确目标

在职场活动中,你要明确做这件事是为了解决什么问题,达到什么目标,让对方采取什么配合的动作。

为了达到目标,你要先站在用户的角度思考,分析对方在这方面目前是否有不方便,有什么困难,并让对方知道你提出的方案对他们有什么好处,进而激发对方采取行动。

下图就是当你运用"用户角度思维"的方法解决职场中某个问题的时候,可以进行结构化思考的范例。

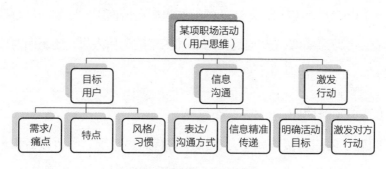

用户角度思维解决职场问题

用户角度思维不仅能打破"本位主义",纠正凡事只站在自己的角度,忽略或无视对方的立场、痛点和习惯的做法,还能和对方站在一道,一起面对要解决的问题,从而激发对方参与并行动,实现双赢。

四、广度和深度思维

广度思维,就是从多个维度寻求完成任务和实现目标的可能性,尽可能多挖掘新的想法、新的点子,摆脱固有思维限制。

比如,领导要求你这个季度要完成超出上个季度销售业绩50%的销售目标，那么你就要从销售地域、新客户、新项目、新产品、新渠道等五个维度全方位去想办法，如何能满足领导的要求。

深度思维，就是在围绕某一个方向或者某个点，继续深挖，一层层推进，深入地探讨和解决问题，达成目标。

比如，上面提高销售额的例子，当你列举出要在五个维度方面同时出击后，经过一番调研和实践后发现，增加新客户这个方式起到的作用更大，所以要继续深挖有哪些拓展客户的方法，这就是运用了深度思维。

这种结构化思考方式，要求我们先广度、再深度，也就是在尽可能多的视角中全面看待问题，列举更多的选项，产生尽可能多的可能性和创意的同时，找到其中重要的点深入钻研下去。

除了上面的金字塔结构、流程化思维、用户角度思维、广度和深度思维四种方式之外，我们在第三章第二节中介绍过的工作计划的"5W3H"八大要素，同样可以作为进行结构化思维、厘清分析和解决问题思路的重要工具，你可以去回顾这部分内容。

综上，结构化思维是一个非常重要的分析和解决问题的模型，有一个比喻非常贴切：

"掌握了结构化思维的人，就像超市划分了区间，放置了货物架，要想存取货物那都是非常容易且简单的；而没有掌握结构化思维的人，就像将所有货物都堆在地板上面，想要存取货物是一件非常痛苦的事情。"

要想将结构化思维变成自己自动自发的思考方式，做到不加思考地习惯性应用，就要进行刻意练习，尝试在工作中找到重要的信息点加以运用，比如：销售业绩、产品知识、客户需求、投诉管理、市场研究、薪资管理、工作汇报、报销流程、项目管理……

　　当你能够习惯用结构化的方式进行思考后，你的思维、沟通、学习和工作能力将获得大幅提升；能高效制订并完成计划，条理清晰，重点突出，获得客户的认同、领导的信任；能有条不紊地处理各种复杂问题，在同事中脱颖而出，先人一步走向成功，获得更多的发展机会。

"聪明地"工作，提升职场竞争力

充分掌握系统化和结构化的思维、步骤和框架，会让人在面临困境和难题时，不急不躁，充满自信地上手解决职场问题。

除此以外，如果你观察那些表现卓越的员工，他们还非常擅长用"聪明"的方式解决问题，在具体的工作方法上务实、灵活、不死板。比如：深刻理解公司和领导的需要，拎得清工作的重点；接到临时任务时，他们从不应付，会确认关键细节并高效处理；从不蛮干，搜寻过往是否有现成方法或经验，再做改进；将"项目管理思维"贯穿到工作当中，有始有终；转入新岗位，不急于表现，而是先获得领导的信任，等等。

本节将就这些"聪明"的工作方法和习惯进行说明，要点如下：

- 抓住中长期工作重点；
- 高效处理临时任务；
- 借鉴过往，乐于改进；
- 善用项目管理思维；
- 新岗位上快速获得信任的策略。

一、抓住中长期工作重点

管理大师彼得·德鲁克有一个经典的观点:"**效率是以正确的方式做事,而效能则是做正确的事。**"

效率和效能二者不应偏废,但如果想要让效率发挥作用,其前提一定是先要有效能,有了效能,再设法提高效率。道理显而易见,**如果方向错了,没有做正确的事,那么效率再高,只能是渐行渐远,做得越多,错得越多。**

所以,职场中倡导员工在规定时间内做正确的事,才是提高工作效能的关键。而这也就解释了为什么在公司中,有些人看似干得很辛苦,很卖力,但却无法得到领导的喜欢和认同。

因为在领导的眼中,他们做的工作很可能并不是重点,也不是优先事项,甚至是领导不想投入的方向。作为下属,一定要去了解公司的需要和上级的期望,分清工作重点和优先主次。

尤其重要的是,你要把工作重点放在长期规划的事项中,而不是经常疲于应付"救火"的工作,比如临时任务、突发事件等。

回想一下,你上一次直接跟领导进行季度、年度工作计划的一对一沟通是什么时候?还是你们几乎没有为此沟通过?

如果曾经沟通过,那么现在分析一下,目前的日常工作中有多少是围绕以上工作重点展开的?又有多少是临时加进来的?各自占据工作总量的百分比是多少?占据你工作时间的百分比又各自是多少?

注意,这里强调的是针对季度或年度这种中长期的工作目标的沟通,并不是针对天、周的这种短期沟通频率。

经过上述分析,如果领导委派给你的工作大多由一系列的短期任务组成，很少有跟中长期规划和目标直接挂钩的，那么你就很容易变成一个"救火队员"。

举个例子，你是一名客服主管，本来你的长期工作重点应该是提高客户满意度、降低客户投诉率等。但在实际工作中，你的很大一部分精力被牵扯着用于填写和提交"报表反馈"、处理员工休假申请等行政性琐碎事务上，这样一来你将很难在本岗位做出优异成绩，得到领导的赏识。

到底是因为你跟上级从来没有沟通过长期目标？还是琐事占用时间太多，导致你无法把主要资源和精力放在重点事情上？

无论哪种原因，结果都是：哪怕你在这个岗位工作了一年，能拿得出手的业绩无外乎是"及时反馈公司报表""有效安排员工休假"等这些无关痛痒的事情。

当你想要跳槽换工作，将这些工作内容写在简历上，并不会因此打动招聘官，因为他们对这些辅助性工作不感兴趣。他们更在意的是，你是否做过以及凸显了那些跟你本职工作相关的"重点业绩"。

如何避免这种情况？

当你发现自己的精力已经被其他"救火性"临时安排的工作或者各种琐事过多地占据时，就一定要及时向上级反馈，获得他的理解和支持，请他帮你减轻工作负担或梳理优先级，哪些工作和目标是重点，是需要投入更多时间的。

所以，一定要先把"效能——做正确的事"放在首要的位置上。

不管领导是否跟你有定期会议，你都要主动跟他一起明确你的长期工作目标和重点，比如沟通和更新季度、年度目标，及时了解他对你目前工作的方向、目标、执行和进展是否有新的提议或调整。

当然长期目标也不是一成不变的，但这并不由你来决定，而是由领导根据部门和岗位的发展变化决定是否需要调整，在他的指示和要求下，你们双方一起讨论，对现有工作重点进行必要的调整，比如增加新的目标，开展新的工作或项目，更新计划等，用以支撑和达成新的目标和任务。

二、高效处理临时任务

当然，理想的状态是我们每天的工作都跟长期的工作重点相关，但是你也无法避免要去做一些领导安排的临时任务。

不要以为是临时任务，就可以随意应付。其实想得到领导的认可，也需要从处理这些日常的小事中体现自己的能力。

所以，你要确认领导对这项任务的要求和期望。千万不要以为领导在给你布置任务的时候，已经把任何细节都想清楚了，其实**很多时候，他们只是想到一个点子，或者仅给出一个方向，需要你去进一步落实，确认各种细节，这样才能保证较高质量地完成工作，让领导放心，不给他们添乱，惹麻烦。**

举个例子，领导走过来跟助理说："Sally，明天中午有两位合作伙伴要来公司参观，他们从广州飞过来，而我要晚点回办公室，中午你帮我好好招待一下他们。"

听到这个临时安排的任务，有的助理就会迫不及待地回答：

"放心吧，老板，我会把合作伙伴招待好。"

然而，作为有经验的助理却绝对不会如此草率地回答，她们会跟领导确认一些关键细节，比如会先后问如下这些问题：

"好的，老板。请问合作伙伴几点到？是在几号航站楼落地？航班号是多少？他们的联系方式是？要不要公司派车去接？招待预算大概是多少？您是否有中意的餐厅？要不要安排我，或者其他同事陪同用餐？如果需要，您建议哪几位同事？用完餐是请合作伙伴在餐厅等您过去，还是送他们回来在会议室等您？"

对同样一件任务，你看出来两位助理不同的处理方式了吗？

其实，每个人对"好好招待"的理解和定义不尽相同，有的人认为"好好招待"也许是"吃好喝好"；有的人认为全程要让客人有良好的体验；而有的人则理解成要让客人对公司留下好的第一印象等。

助理和领导的理解当然也一定存在偏差，作为下属就必须清楚领导的要求和期望是什么。如果不去追问和确认相关细节，很容易跟领导产生误会，产生南辕北辙的情况。

当领导给你布置临时任务的时候，可能因为各种原因，并没有一开始就给到你详细的指示和标准，你也不确定领导的想法是什么，这个时候，就不要怕麻烦，一定要多向领导询问和进一步确认。

否则你仅凭着自己的一厢情愿，辛辛苦苦忙了半天，但最后事情的结果却完全不是领导想要的，你说自己岂不冤枉，吃力不讨好？

三、借鉴过往，乐于改进

在职场上，你要相信，自己遇到的问题大多数已经有了现成的解决方法或者工具，千万不要自以为是，以为自己是哥伦布，是第一个发现并想出一些所谓创新性办法的人。

你想到的这个方法，很可能之前就有人想到过，至于为什么没有使用，有可能是因为有了更好的替代办法，也有可能是因为一些特殊的原因导致被搁浅或放弃。

你要做的就是学会借鉴并迅速找到那个现成的方法或者工具，快速完成手头这件工作，而不是凭一己之力冥思苦想，搜肠刮肚地费时费力去做。

有一次，我看到员工 Sandy 在加班，于是就问她在做什么。她回答："我在统计从大客户经理那里收集上来的上个月销售主打产品的销售额、价格和利润情况。"

我听后非常意外，告诉她："Sandy，你不需要自己去做统计，财务部的后台系统能按照销售人员、销售产品、产品价格这些维度自动生成财务数据和报表，很快就能导出来一个 Excel 表格，不用手动一个一个加总。"

Sandy 加班工作看上去很辛苦，效率却非常低下，因为她做的事情其实已经有了更为高效的处理方式，但她并没有主动去搜寻和借鉴，也没有找同事请教。

所以，当你接到一项任务，尤其是它将要耗费大量时间和体力时，千万不要毫不犹豫甩开膀子就开始蛮干，先要想一想、问一问、找一找，能不能发现比自己想到的更为快捷、省时省力的工具？是否有现成的经验和方法可以借鉴？是否能去请教之前做过的人，请他们给一些新的建议？

在你获得这些工具、经验和方法后，如果可能且必要，就在此基础上做进一步的优化、改进和创新，以输出更好的结果和产出，创造出全新的解决方案。

与此相关，当你在做重复的事情时，也请试着用不同的办法去做，在对比中找到更好的办法，提升自己的工作业绩。

所谓更"好"的办法，就是去选择比以前产出多一些、速度快一些、质量好一些，或者成本省一些的办法，也就是俗话说的"多、快、好、省"。

作为员工，如果你能把重复的事情做出差异来，占据"多、快、好、省"四个维度中的一个或几个，那你就更容易在团队中脱颖而出，得到领导的关注和欣赏。

四、善用项目管理思维

项目管理思维具有系统性和可控性的特点。当你将这种思维贯穿于工作的始终，把每一项工作当作一个项目来运转和管理的时候，就能增强自己对工作中每个环节以及最终成果的掌控性。

系统性，是指你在完成这项任务、处理这件事情时，具备全局观念，并能最大化资源的配置，达成让利益相关方都满意的结果。

可控性，是指你有明确的目标，并依据这个目标制订出有针对性的行动计划。这样做出来的计划有任务分配，也有时间限制，比较落地和务实，执行过程不盲目、不混乱，有序进行且在可控范围。

在职场中，当你面对一件待完成的工作、待处理的事项或待实现的目标时，项目管理思维将帮你进一步厘清零乱的思绪和想法，在考虑问题时尽可能周全详尽，同时对下一步的行动也更加清晰，将风险控制在最低范围，保证最终能处理好问题，顺利完成任务。具体做法如下：

第一，始终聚焦目标

不论你完成的这项工作、任务或需要解决的问题是什么，你一定要非常清楚你最终要达成的目标是什么，比如产品、服务、流程、效益或成果要达到什么程度或标准，实现什么数据。你的整个工作计划和后续执行都要紧紧围绕实现这个目标来进行。

比如，今年领导给你定了开发30个新客户的任务，那么你的全年工作都要以这个目标为指导：当你参加展会的时候，要多留意索取潜在客户名片，以备后续联络；你搜寻新招标项目清单时，要去查看新客户是否出现；你参加行业论坛晚宴时，需要主动跟一些陌生客户交流获取信息……

第二，进一步分解任务

将每一项任务按照结构化思维方式进行分解，比如按照时间、阶段、步骤、类别、层级等分解成子任务，这样既有利于落地执行，也便于随时监督每个子任务的进展情况。

比如，你是培训负责人，将要组织一次时间管理主题的培训，于是分解成如下子任务：

- **确定参加培训人员名单；**
- **筛选并确定培训机构和老师；**
- **敲定培训时间、地点和培训课程；**
- **发培训通知……**

针对复杂的任务，就继续分解下去，关于具体做法，我们在本书第三章的"任务分解法"介绍过，你可以回顾学习。

第三，有针对性制订计划

一份完整的计划书，将会使人非常清楚在未来完成这件事预期的进展和完成时间。比如设计公司战略时，需要一份5年战略路线图；完成管理层人员培训前，需要制订培训计划表；要进行新产品开发，需要制订一份产品开发路线图。

每当出现一件待完成的工作和待解决的事情时，就自发地先去制订计划，这样会促使你认真思考这件事的因果，并拓宽处理此事的思路，从而让工作或问题变得更容易处理。

我们在本书第三章已经详细介绍了如何制订计划，你可以进一步回顾。

第四，依赖团队，有效沟通

如果你的某项任务需要多个成员参与，那么就尽可能鼓励大家为了同一个目标而共同努力，因为任何时候团队的力量都要大于一个人的单打独斗。

即使这些成员跟你不在同一个部门，那你们也是在一个"虚拟团队"中，你仍然需要发挥每个人的积极性，哪怕这项任务对他来说并不是优先级。

此时就需要你充分发挥影响力，发挥有效沟通的作用，让团队成员了解到通过完成这个任务，每个人都将从中受益，而不是只有你自己。

第五，拥有必要的风险意识

任何项目都会存在风险，比如因为某些因素导致项目无法完成或推迟完成，或者在时间、质量、成本等方面无法满足目标要求。这些潜在风险都需要去考虑，并有针对性地制订一些方案去尽可能地避免或降低风险。

比如，一个工程招投标项目可能会涉及商务风险、技术方案风险、售后实施和服务风险；一场产品推广会可能出现电脑死机、投影仪故障、演讲嘉宾迟到的风险；一次并购计划可能出现信息不对称风险、资金财务风险以及政策面管控风险等。

具备风险意识，可以提前准备做一些规避风险的应对预案用以降低风险。当然，让人调整对项目结果的心理预期也非常关键。

第六，善于总结经验教训

完成任何一项任务，不管结果是成功还是失败，对我们来说都是一笔财富。做得好的经验需要存档，作为以后做同类工作的指导和参考；做得不足的地方，要认真分析和总结教训，为什么做得不好甚至失败？以后要如何避免？应该做什么？避免做什么？这些都可以作为警示，确保以后不再重蹈覆辙，重复同样的错误。

无论是在工作中还是生活中，都要始终聚焦在目标上，用结构化思维将工作进行分解，制订有针对性的计划，依赖团队和有效沟通，具备风险意识并善于总结经验教训，这些就构成了项目管理思维的六大要素。

当你能做到将这种思维随时随地下意识地去使用的时候，你就会切实地从中受益。

五、新岗位上快速获得信任的策略

工作发生变动，不管是在公司内部调动到新部门、换新岗位，还是跳槽到新东家，有些人会立刻感到迷茫、焦虑甚至慌乱，不知道该如何适应新环境、新同事、新领导，担心无法融入，担心不能适应新工作……

其实，这些担心大可不必。对你来说，转入新岗位，只是工作内容、周围的同事以及汇报的领导变了，但你掌握的职场工作逻辑，优异的工作能力，良好的工作习惯并没有改变。

那么，什么是职场工作逻辑？

任何组织都会遵循这样的工作逻辑：即汇报和层级关系决定了资源和业绩的流向，意思是永远都是从上往下给资源，从下往上给业绩。

具体来说，就是上级给予下属开展工作的各方面资源；下属完成领导交代的工作，向领导呈现并交出工作业绩。

因为这个工作逻辑是不变的，所以即使换了工作或岗位，你跟新领导之间的关系仍旧如此。你要努力赢得上司的信任，做出合格的业绩，同时思考你过往积累的经验和人脉是否能帮你带来业绩增量。比如有的销售人员跳槽到新公司，就要想一想以往接触过的渠道、客户、合作商等是否有机会开展新合作。

理解了不变的工作逻辑，你就会明白为什么以下三条策略能帮你快速适应新岗位：

1. 跟领导确认工作目标

调整岗位后，你要做的第一件事就是尽快找领导沟通，确认你的工作目标，而不是在还不清楚这个目标的时候，就去想办法证明自己能力有多强。

跟领导确认目标，就是要了解他对你的工作有什么期望、有什么要求，要帮他实现什么目标。比如，你可以问："领导，目前您最想让我做什么工作？您最希望我来帮您分担什么呢？"

领导之所以招聘你到这个岗位，一定是有自己的用意，想请你去协助他实现某方面的目的，所以你要主动询问和确认，帮助他分忧解难，解决问题。

在不清楚领导的要求和优先级之前，先不要争强好胜，这样不仅起不到好作用，有时反而会给领导添乱，让他心烦。

2. 明确职责，制订计划

明确了新岗位的工作目标后，你还要搞清楚自己的职责所在，完成工作的衡量标准是什么，哪些事项是必须完成的，哪些事项是加分项。

然后通过完成领导交代的任务，来充分展示自己的能力。

具体做法是，你先做好一份工作计划，包括你的想法、打算、建议、具体行动方案等，并交给领导过目和审阅，请他给你进一步的方向和指导。

领导可能会给你一些提醒或建议，比如哪些方面要多加留意，哪件事情你需要请什么同事配合等。这样的点拨，会帮你避免做很多无用功，少走冤枉路。

3. 定期向领导汇报进展

在完成工作的过程中，要定期向领导汇报进展，这不仅让领导知道你已经投入并开展工作了，还要让他确认你在对的方向上行进。

不一定每一次汇报都要长篇大论，占据很多时间，哪怕你能找机会跟领导交流 5~10 分钟也是可以的。

所以，到了新岗位不必担心和害怕，你只要和领导进行有效的交流和碰撞，"上对下"的资源给予就会非常顺畅，"下对上"方面你也会迅速呈现领导想要的业绩，那么你跟领导之间的信任度的形成也就顺理成章了。

而一旦有了领导的信任，你在未来获得更好的发展机会将会变得容易，你们在互相贡献，也在互相成就，是一种良性互赢的关系。

综上，虽然以上五种"聪明的"工作方法看起来似乎并不起眼，但能确保自己将精力和重心放在先做正确的事，再用灵活而正确的方法落实和执行。在一次次顺利解决问题的过程中，在一次次成功达成目标的实践中，你的职场竞争力就在稳步积累和提升。

第六章

高情商沟通：
营造良好人际圈

压力管理，
远离情绪失控

提高情商，首先要做的并不是学习说动听的话，而是要先关注自己的情绪波动。一个人如果对自己的情绪管理不到位，任由负面情绪发泄，自然就会影响到跟周围朋友、同事和领导的人际关系，导致被厌恶、被嫌弃、被疏远，又何谈高情商呢？

由于生活节奏的加快，经济负担的增加，职场竞争的加剧，职业倦怠感的产生，人们不仅情绪低落、倍感压力，也不知道如何对负面情绪进行有效应对，每日感受着前所未有的压力。

如果不能客观认识压力的来源和作用，不能采用有效方法解压，压力的程度就会持续升高，甚至最终"爆表"，导致精神崩溃，事业坠落。

本节将开启压力管理之旅，学习如何让自己拥有健康的情绪，承担适当而非过度的压力。本节要点：

- 压力的特点；
- 压力的来源；
- 压力的诊断；
- 如何有效减压？

一、压力的特点

压力,就是当刺激事件打破了原有的平衡和负荷能力,或者超过了个体的能力所及时,就会体会到的一种感受。

(一)压力的四个特点

1. 是个人感受

在生活和工作中,人们经常要面对选择或者进行改变,但你担心选错了,或者无法适应新事物,就会感受到压力。

所以,压力是环境要求你做出选择或改变时的一种个人感受。

2. 是悲观态度

人们不喜欢不确定性,因为担心发生对自己不利、危险的事情,对未知的事情通常持消极态度,做悲观解释,因此感受到压力。

3. 是精力消耗

当一个人连续感受到压力的时候,其精力也会持续不断地被消耗,包括:

- 情绪上的衰竭,如焦虑、紧张、无助;
- 自我感的丧失,对周围的人冷漠、疏远;
- 对工作感到愤怒、绝望,自尊心受到损害等。

4. 是本能反应

面临未知和威胁时,人会突然感受到压力,这是一种不受控制的本能反应。

（二）面对压力，人的三种普遍反应

1. 防御

一旦感受到压力，不管压力源来自什么，有的人会立刻进行抵制和防御，认为整个世界都对不起自己，认为自己遭遇不公平的待遇，于是感到生气、愤怒。

2. 逃避

因为无力改变现实，有的人不敢也不想直面当前遇到的问题，于是通过一些娱乐活动（刷手机、打游戏）来寻求短暂的安慰，希望通过忽略或无视压力的存在，压力就能自行消失。然而，从长远来看，逃避往往会带来更多的压力。

3. 适应

认真分析和确定压力的来源。如果压力源无法被消除，就想办法适应它，将压力变成动力；如果压力源能够消除，就竭尽所能，通过自己的努力进行化解。这是比较良性和健康的反应模式。

举个例子加以说明，因为领导对你这次的工作成果不满意，让你感受到了压力，你的反应如何呢？

防御反应的人：听到领导的批评，脸色变得难看，回到座位上，就嘟囔甚至嚷起来："这老板瞎了眼吧，我干得这么辛苦还不满意，气死我了，明天我就不干了！"

逃避反应的人：默默回到座位上，心想："哎，我真的尽力了，既然老板还这么不满意，我也没办法，这就是我的命吧。"于是偷偷刷短视频，试图忘掉刚才被领导批评的事情。

适应反应的人：领导批评后，虚心接受，并诚恳地说："老板，实在抱歉，这次工作没有令您满意，我这就根据您的要求重新做一次。"然后认真修改原来的报告,还特意请其他有经验的同事帮忙检查,之后再次提交给领导。

你可以对照一下,面对压力时,你通常会做何种反应?在后面我们会进一步分析压力源以及有效的减压途径。

二、压力的来源

(一)客观因素

1. 来自家庭的压力

房贷、车贷等经济负担;操持家务,照顾老小的家庭负担;家庭产生的日常矛盾;结婚生育、孩子升学等人生大事。

2. 来自社会的压力

比如新技术、新政策、医疗、社交、女性歧视、中年危机、贫富差距等,同时也会担心因为赶不上社会的变革和发展,落后于时代。

3. 来自环境的压力

比如污染、噪音等环境的恶化,过度拥挤的街道、居住空间,疾病疫情暴发等,都让人对周围环境缺乏安全感,从而产生压力。

(二)主观因素

1. 缺乏自我肯定

这类人自我价值感较低,非常在意别人对自己的评价,对别人的评论相当敏感,一旦有对自己的负面评价,就很难接受,不能正视自己。

认为别人是故意针对自己,自己是被伤害的一方,进而怨天尤人,抱怨不断。因为总是担心得不到肯定而患得患失,就容易处于忧郁、焦虑不安之中,处于巨大的压力之下。

2. 过分追求完美

这类人会把每件事的标准设得很高，为了达到心目中的理想成果，为求尽善尽美，而多花几倍的时间和精力去完成原本不需要如此耗神的事。

想要事事完美，亲力亲为，势必要占用更多的时间，所以就会经常加班、熬夜，甚至牺牲睡眠、休息和放松的时间，结果容易导致失眠，缺乏与他人交流，精神状态始终处于紧绷状态。

3. 期望值过高

这类人对自己和他人抱有过高甚至不切实际的期望。但事实却是自己的资源、能力无法支撑高期望的实现，不能从已经完成的工作中获得自信和成就感。

因为无法达到较高期望的目标，所以永远对结果失望，心理上压力过大。

4. 试图改变他人

这类人有一种习惯，总是试图把自己的意见强加给他人，让他人为此发生改变。而真实生活中，并不总能如他们所愿，一旦他人没有听从自己而改变，或者改变并未达到自己的预期，他们就倍感压力。他们经常这样说别人：

"你这个人总是不讲卫生，要好好改一改……"

"你这种做法是不对的，客户根本不会接受，我的方法才奏效，你得听我的……"

"你吃这些东西完全没营养，我告诉你，应该这么吃……"

5. 寄希望于他人

这是一种托付心态，将自己的希望、快乐、未来等寄托在他人身上，借此对他人进行"道德绑架"，而一旦他人没有按照自己的愿望行事，就会非常痛苦，压力巨大。比如这样说："你要给爸（妈）争口气呀……""全家都指望你了……""儿子就是我的精神支柱……"

6. 看待问题过于绝对和夸大

这类人容易夸大和绝对化某些事物，导致想法比较极端，内心充满愤怒、无奈和压力感。比如这样说："现在公司里的老板，有一个算一个，都太势利眼了，没有一个按照能力提拔人才的，他们看上眼的那些人都是草包。""现在食品安全问题太严重了，东西实在没法吃……""现在喜欢刷短视频的人都是游手好闲的，没有一个正经人。"

（三）职场压力

除了上述客观和主观因素会成为我们的压力源，我们再专门把工作压力单独拿出来深入分析：

1. 工作岗位和能力不匹配

一种情况是，员工的能力还不足以应付目前岗位，这个时候要尽快学会岗位所需的知识和技能，从而胜任岗位要求，否则所承受的压力会不断增加。

还有一种情况是，员工认为目前的工作自己能胜任，资历完全超出职位的要求时，会有点"大材小用"的感觉。一方面，虽然其能力应付现在工作绰绰有余，但是领导并没有因此赋予其新的挑战性任务，使其进一步锻炼或提高；另一方面，因为各种原因他们始终也没有获得晋升的机会，所以很容易产生焦虑、失落或者不舒服的感觉，长此以往会导致心理压力的产生。

2. 工作界限和内容不清

在职场中不清楚自己的岗位职责是什么，或者感到责任不清晰，就没有努力的目标和方向，做什么都没有动力，此时压力也会增加。

3. 周边人际关系不佳

下属与上级之间，同事和同事之间如果具有良好人际关系，有利于自我认同感的提升，以及拥有愉悦的心情。

但如果无法融入集体，跟大家关系疏远，就会感到自己没有得到尊重，觉得被人低估，不被欣赏，进而承受额外的压力。

4. 工作成果不被认可

完成了某项任务或项目，但付出的努力却不被认可，于是感觉非常难受和失望。觉得自己的能力和付出并没有得到应有的重视和尊重，进而感受到压力。

5. 领导对工作的要求过高

上司的要求经常变来变去，让人无所适从，有时候要求还颇为挑剔，甚至苛刻，在现有资源和条件下很难实现，或者超出了下属的能力范围，这让下属压力无限。

6. 个人职业发展不顺利

所在行业不景气，公司发展面临挑战，听说可能被收购合并，公司和部门均可能裁撤或减员，这让本来打算在公司好好发展的员工缺乏就业安全感，这些管理的变数导致员工每天胆战心惊。

另外，职业发展目标不清晰，没有明确的目标，或者在同一岗位工作多年，技能没有得到提升，同样会让人茫然，无所适从，从而感受到压力。

7. 工作进度和结果无法保证

在实施一个项目或完成一个任务的时候，有很多因素不在自己的掌控范围内，如时间、资源、预算、配合的同事等，因此对是否能如期完成任务，是否能达成目标没有把握，压力也就随之增加。

8. 工作超负荷，不堪重负

有的公司有加班文化，似乎只有长时间加班才能显示员工的积极性和忠诚度。当员工不愿意为了加班而加班，对这种现象相当排斥，就会不愿意去做。但为了"合群"和保全面子，也只能硬着头皮去做，纠结就变成了压力。

9. 完不成工作任务或 KPI

毋庸置疑，这种情形必然导致焦虑、不安，承受比较大的压力。

三、压力的诊断

前面分析了压力的特点以及压力源，使我们能更加客观地来理解压力。但其实**压力并不是如洪水猛兽般完全有害的，承受适度的压力对促进个人发展是有帮助、有利的。**

比如为了完成 KPI 目标，推动项目进展，你会想办法调动各方资源，充分发挥自己的能力；为了考取清华大学 MBA，你利用一切业余时间全心备考；为了实现职场进阶，你不断学习职场提升技能等。这些压力并没有让你担心、退缩，反而转变为你持续进步的动力，并且鞭策你努力实现个人的职业理想。

正所谓"人无压力轻飘飘"，一个人如果一点压力都没有，就会失去奋斗的目标和努力的意义，不知道自己为什么而活，为什么而努力。

但反过来说，如果压力过大，超过自己的心理和身体承受极限，压力的负面作用就会凸显。

所以，要学会诊断自己目前承受的压力是否恰当。如果压力过大，就要找到最大的压力源在哪里，看看是什么"压垮"了你，让你透不过气：是工作压力、经济负担、人际关系、职业发展还是其他？

找到了真正的压力源，你才能运用一些方法和措施有针对性地给自己缓解压力。认识不到问题的根源所在，你就不可能解决问题。

那么如何判断压力是否恰当？

你可以填写下面这张"压力诊断表"，一共15个问题，如实回答过去一个月内在你身上是否出现过表格中列出的现象，并在每个问题的后面填上对应的分数，然后将所有分数加总。

这个简单的测试能帮你快速对自己的压力状态有个客观的认识。

计分方法：

从未发生：0分；

偶尔发生：1分；

经常发生：2分。

压力诊断表

序号	你是否出现过如下现象？	从未发生	偶尔发生	经常发生
1	手头很多工作，但仍然希望将每件事都做到极致。			
2	工作时间超长，没有时间进行休闲或娱乐活动。			
3	偶尔休息娱乐的时候，会感觉浪费时间，有负罪感。			
4	遭遇失败或遇到棘手问题时，会易怒，脾气暴躁。			
5	做事冲动，急躁，任性，事后又感到后悔和内疚。			
6	非常在乎他人对自己的评价，担心别人说自己哪里做得不好。			

（续）

序号	你是否出现过如下现象？	从未发生	偶尔发生	经常发生
7	目前手上要做的事情实在太多，感觉力不从心，应付不来。			
8	走路和说话非常快，感觉在跟时间赛跑，总是觉得时间不够用。			
9	总是为自己目前的经济情况担心，忧心忡忡。			
10	经常会对身边的亲人、朋友或同事发脾气，说话没有好声好调。			
11	感觉单位的领导不赏识和认可自己。			
12	跟他人交流时，经常中途打断对方。			
13	即使上床准备入睡，脑子里仍然思考很多生活和工作中的问题。			
14	经常失眠，需要借助药物入睡。			
15	出现紧张、不安、压力或情绪波动的时候，会经常借助烟酒、药物、咖啡、零食进行缓解。			
总计				

将每一行填写的分数加总后，得到总分。

0~8分：精神压力程度低。

提示你压力过低，缺乏目标、方向感，人会感到无趣、没动力。

9~13分：精神压力程度中等。

提示你目前压力尚可，在能承受的范围内，你可以合理应付。

14分或以上：精神压力程度偏高。

提示你目前压力过大，需要检查自己的压力源在哪里，并找到缓解方法。

四、如何有效减压

经过上面的压力诊断，相信你对自己的压力状况有了一定的认识。如果你的压力水平过低，那么建议你回顾本书第一章，给自己的人生和职业发展做一份规划，让自己更有目标和方向感。

当然其实更多人的问题并不是压力不足，而是时常被不同的压力困扰，对身心都产生了不同程度的影响。因此，进行有效减压，缓解压力已经成了当务之急。如下8个减压方法供你参考。

（一）提高精力水平

当一个人精力不济、时间安排不当时，就会手忙脚乱，手头工作应付得非常吃力，工作效率低下，工作质量也差强人意。于是会被领导批评，职场遭遇不顺，从而导致压力重重。

这归根到底还是精力管理不当所致，比如体能差，睡眠和休息不够，情绪低迷等，这些都会让一个人精神萎靡不振，做事提不起兴致。

所以，你需要将提升精力水平作为改进重点，一旦精力水平上去了，就会得心应手地处理各项事务，压力也就小很多。

关于如何系统提升精力和能量，可以回顾本书第四章内容。

（二）适度宣泄不满

遇到不开心和委屈的事情，一直憋在心里头无处宣泄，这种做法并不值得提倡。长时间的压抑，不仅对问题的解决没有帮助，反而会让心理承受过大压力，因此通过合理的方式将负面情绪宣泄出来，有助于缓解压力。

宣泄的方式很多，如大声哭泣、去KTV唱歌，到空旷的地方喊叫，把一肚子烦恼喊出来。

你也可以通过运动宣泄不满，比如去健身房健身、做极限运动等。只要不会伤害到自己的人身安全，都可以尝试。

(三)通过放松方式缓解

放松的方式能让人在压力之下紧绷的神经得到一定程度的缓解,比如泡澡、桑拿、按摩、冥想、看电影、听音乐、做瑜伽、听笑话等。

选择其中对你来说比较有效,随时随地就能用起来的方法,可以起到暂时解压的作用。

(四)立刻转移注意力

当遇到困难或挫折,一时又无法解决的时候,不如学会泰然处之,理性面对眼前的困境和问题。

与此同时,要有意识地把注意力转移到其他方面,使情绪的压力得到缓解,并淡化困境,遗忘烦恼,使自己紧张的情绪松弛下来。

比如,领导宣布的晋升名单中没有你,与其下班后抱怨委屈,自怨自艾,不如去报名的陶艺班专心做手工,或跟朋友一起做一顿美食,或去户外远足旅行,又或者采用其他任何平时能让你专注、开心且提供能量的方式,将失落的情绪转移。

(五)设定合理、现实的目标

在现实生活中,对自己和他人都不要过于苛求,可以制定稍微高一点的目标,让自己努力"够一够"去实现,而不要想着"一口吃成个胖子"或者"一步登天"。尽力去做到最好,如果一时没有做到,也不要气馁,保持平常心比较有利于缓解各种压力。

(六)找到压力源,尽量改善和弥补

通过压力评估,诊断出自己的压力来源,就可以想办法进行改进,从而降低或缓解压力,以及避免因为压力过大导致产生负面结果。

如果你经常对自己的经济状况感到不安和担心，并因此承受着许多消极的压力，那么或许可以通过一定的方式来改善：一方面可以通过寻找高薪的岗位增加经济收入；另一方面可以学习理财知识，进行储蓄和投资，长期短期都可以，通过实现投资收益增加收入。只要切合实际又能付诸实施，经济压力就会慢慢减轻。

如果职业发展不顺利，就要花心思去思考未来两三年内自己想要从事什么工作，进阶到什么位置，达到什么高度？现在能力的差距还有哪些？下一步如何通过学习和实践提高能力，弥补差距？

如果你工作效率低下，完不成任务或工作质量令领导不满意，就要学习职场知识，掌握各方面技能，在实践中不断提高实力。

（七）跟信赖的朋友适度倾诉

除了上述减压方式，你还可以找身边可以信赖的朋友倾诉，说出你心中的担忧、委屈、痛苦和烦闷，这样可以减轻心理的负担。

当然，选择倾诉的对象很重要，善于倾听、有同理心的人比较适合，应尽量避免向喜欢指手画脚，好为人师或者充斥着负能量的人倾诉。

另外，也不要完全把倾诉对象当作垃圾桶，事无巨细把所有的垃圾情绪统统倾倒，不然会徒增对方的反感，适可而止就好。

（八）由负面思维转向正面思维

这一点我认为值得加以重点说明。当发生同一件事时，如果你对待它的思维方式和认知不同，那么面对它的心情和结果也会不同，本来可能会给你造成巨大压力的事情，也会因为思维方式的不同而使压力减轻不少。

可见，学会积极正向的思维方式，用正面思维取代负面思维有多么重要。

比如，你告诉自己遇到的困境其实并没有想象的那么糟糕；这件事还有很多可以回旋的余地；哪怕这件事的确失败了，或者已经没有修复的可能，但经历了这次教训，以后就可以避免重蹈覆辙，还有重新来过的机会。

正面思维告诉我们，对待事情要用发展的眼光来看，暂时的挫折不能改变事情朝着所期望的方向发展；如果在做的事都已经在进展的过程中，那么即使遇到某些障碍或麻烦，自己也会想办法以最快的速度调整状态。

下面举个例子说明，如何从负面思维转向正面思维。

案例背景：你在某次工作中出现失误，跟你合作的同事为此非常生气，他当众数落你，令你下不来台，于是你感受到了一定的压力。

那么，当这种情形发生时，具有负面思维的人和具有正面思维的人在想法和反应上会有什么不同？对待面临的压力，最后对问题的处理结果又有什么不同？

显然，拥有负面思维的人，自己情绪处于低点，跟同事的关系也进一步恶化，最后也没解决问题；而拥有正面思维的人，不仅扭转了同事的负面看法，修复了彼此关系，也顺利解决了问题。

	负面思维	正面思维
你此时的内心想法	"这个人也太不讲究了，当众不给我面子，我出错了，也不用那么骂我呀，你算什么东西？要不是看在你是老员工的面子上，我早就回怼你了！"	"虽然这个同事骂得有点狠，但这次失误毕竟是我失职，先等他消了气，我再跟他讨论能不能赶紧补救一下，或者我先想想，再跟他沟通。"
你在言行上的反应	你脸色难看，嘴里小声嘀咕，别人能看出你内心的不满和不耐烦。	你认真倾听，保持冷静，真诚跟同事沟通，同时在思考如何妥善处理这件事。
反应后的结果	1. 你的不满态度令同事怒气难消； 2. 工作出现失误，延误了完成的进度，你和同事不欢而散。	你的冷静低调，让同事后面也不好意思继续数落了。当你提出自己如何补救的想法时，对方认真听完并给出自己的建议，事情得到顺利解决。

负面思维转向正面思维示例

类似上面这样的"小插曲"在生活和工作中无处不在，如果一遇到不顺利的情形，就用负面思维去考虑和处理问题，通常会把事情推向相反的结果，你在心理上的压力和负担就会层层叠加，压力值急速上升。

反过来说，在遭遇一定压力的情境下，如果采取不同的思维方式，正向而积极，会导致情绪产生不同的变化，当然也会进一步导致不同的结果。

综上，生活和工作中难免遇到各种各样的压力，而压力是一把双刃剑。

压力过度，超过人的承受范围，会让人疲惫不堪，对自己和未来失去信心，甚至再也难以承受，失去继续生活和奋斗的动力。只有通过科学的减压方法学会调节和解压，提升个人抗压能力，才能将压力控制在合理水平。

适当的压力有助于人的潜能的激发，展示出优异的表现，也会给生活带来许多意想不到的成果；适当的压力让人不再无所事事，没有方向，它提醒自己要向着目标一步一步地靠近，实现人生和职业发展的飞跃。

有效倾听，
与人交往畅通无阻

回想一下在跟别人交往的过程中，当对方开启倾诉模式的时候，你首先想到的是不是给出建议、安慰，或者自说自话？

其实大部分人都是这样做的，而这恰恰也是人们在倾听时都会犯的错误。

这个错误就在于，不少人常常以为，在他人倾诉自己遇到的问题、困境或痛苦时，就应该想办法使对方脱离困扰，于是在还没有充分了解到他们的状况和真实诉求时，就急于告诉他们该怎么办，甚至有时不忘指责或批评，但这么做的结果往往事与愿违。

当同事跟你倾诉自己推行项目过程的艰难时，其实他可能只是希望你能理解他对这个项目的隐忧；当朋友跟你提到自己跟领导相处不好时，他可能只是想倾诉出苦闷和委屈，希望有人能理解他为完成工作的付出。

而你作为倾听者，则完全忽视了情感上的共鸣，急于告诉对方该怎么做，然而这样不仅没能起到安抚对方的作用，反而使对话陷入僵局，成为了失败的沟通。

这里的关键问题，就是不懂得有效倾听。

美国教育家戴尔·卡耐基在《人际关系》一书中讲述了自己亲身体验的小故事。在一次晚宴交谈中，旁边的嘉宾跟他交谈，而卡耐基自始至终只是充当了一个听对方讲话的角色。

晚宴结束的时候，这位嘉宾向主持者赞扬道："卡耐基是一个非常善于交谈的人。"卡耐基听说后颇为惊讶，他说："我只是很认真地听他讲话而已。"

只是耐心地倾听，就能给别人留下深刻印象，留下美好的体验。

生活和事业上取得成功的人中，大多都善于倾听他人言谈。跟口若悬河的人相比，善于倾听的人更能感动他人，唤起他人的亲近感。

这一节我们将针对有效倾听展开学习，本节要点：

• 倾听的五种类型；

• 有效倾听的三个要素；

• 有效倾听的技巧。

一、倾听的类型

（一）根本没听

从外部表现就能看得出来这种人完全没有在听，要么在干其他的事情，要么神情呆滞，对你所说的话毫无反应，对讲话内容根本不在意、不关心。

（二）假装在听

看似在听，其实"人在曹营心在汉"，没有认真听，只是在考虑与谈话内容无关的事，或者是虽然听了，但他的兴趣点并不在于认同讲话者所说的内容，反而是不同意其中的观点，在想着用什么理由进行辩驳。

因为一直处于抵触的心理，所以他们一旦有机会发表不同观点，很容易造成现场气氛紧张，甚至可能引发冲突。

（三）功利地听

他们选择听取讲话内容中符合自己利益的、爱听的或感兴趣的部分去听，其余部分则当作耳旁风，完全忽略，毫不关心。

（四）专注地听

倾听者对讲话内容全程保持高度关注，并偶尔会用点头、微笑等方式回应讲话者。

（五）同理地听

同理地听，是带着理解的态度去倾听，他们在整个过程中，都会运用同理心去站在讲话者的角度思考和回应，并给予讲话者更多的回馈和互动。他们呈现出的情绪跟讲话者的完全一致，沉浸于演讲的主旨，并试图理解讲话全部内容。

以上对于倾听类型的分类，其实也是对倾听级别的一种划分，"根本没听"是倾听的最低层次，是我们绝对要避免的；而"同理地听"是倾听的最高层次，是每个人应该努力追求的倾听境界。

二、识别有效倾听的三个要素

在上面倾听的五个类型中，前两种"根本没听"和"假装在听"并不是有效倾听，因为他们没有吸取任何的信息；后面三种则为完成一次有效倾听提供了基础。

有效倾听，必须是一个主动参与的过程，倾听者对听到的内容要主动去思考、接收、理解，并做出必要的反馈。

在这个过程中，你要保持专注，先听再说。也就是得先能听进去、听清楚别人表达的内容，然后必要的时候再发表看法；同时倾听的时候要态度真诚，偶尔微微点点头表示你听明白了，也让对方知道你有兴趣听下去。

如果你对讲话的内容和话题不感兴趣，无法做到有效倾听，甚至想要中途退出，这种想法和做法其实都是很不礼貌的，若是无法做到认真倾听，那么请在最初就不要选择参与其中。

有效的倾听，要求你在跟他人的对话中，不仅要调动自己的眼、耳、口，还要积极动脑和表达恰当的情绪，对讲话的内容充分理解。

在学习有效倾听三要素之前，先看看无效倾听的具体表现有哪些，如果在你身上曾出现过，在以后与他人交流的过程中要尽量避免。

（一）无效倾听的表现

与有效倾听相对立的是无效倾听，如何判断自己或他人的倾听是有效还是无效的呢？你可以对照如下现象逐一检查，如果出现这些现象，会显得你很没礼貌，也会形成跟讲话者之间的无效沟通：

- 对讲话者存在个人偏见；
- 注意力不集中，经常溜号；
- 对方还在讲话，自己心里却想着如何质疑或反驳；
- 发言时，针对讲话者的语言较为情绪化；

- 没有耐心倾听讲话人对内容的进一步解释；
- 对讲话内容不做客观分析，急于下结论；
- 对讲话人评头论足，不关注其讲话内容；
- 两眼发呆，神情呆滞或者昏昏欲睡；
- 看似注意力很集中，其实脑子里一直在想其他事情。

（二）有效倾听的三个要素

1. 听得清

为了做到听得清，要避免外部和环境的干扰，保持专注力，能听清楚对方说的话以及要传递的信息。

2. 听得完

为了做到听得完，就要把对方的话听完整，不要断章取义，中途打断或离席。尤其如果当你有不同观点想要表达时，就更要等到对方讲完后再得体表达。

3. 听得懂

只有在听得清和听得完的基础上，才能做到听得懂。想要听得懂，要注意如下 6 个要点：

（1）消除干扰：来自外部的干扰，比如环境嘈杂，经常有人打扰，或者自己内心不平静等，这些都可能构成干扰因素，要尽量想办法消除。

（2）不要抢话：对方在讲话的时候，即使某部分内容你听过，也不要抢话或者打断，让对方先说完，然后再适时表达你的想法。

（3）听关键词：对方在讲话的时候，会就某些重点和关键内容反复提及，那么你在回应的时候，如果能加入对方说过的这些关键词，就可以间接表明你在认真聆听对方的话。

（4）抓住重点：倾听对方讲话时，要学会抓住中心思想，总结核心观点，分清主次，而不要被旁枝末节所吸引，避免造成误解。

（5）体察情绪：能体会到讲话者的情绪，比如同情、激昂、兴奋、悲伤等，你可以不同意对方的观点，但要尊重对方的情绪，尝试关怀、了解和接受对方。

（6）注意反馈：有效倾听需要跟讲话者进行互动，给予反馈，鼓励对方继续说下去。比如用这样的句式："您的意思是……"并且当对方寻求帮助时，能给出一些积极实际的帮助和建议。

我有个朋友 Jane 是一位成功的保险顾问，她就懂得在跟客户打交道的过程中，充分利用有效倾听的方法。

通常当客户被劝说投保时，一般都怀有戒备之心，所以在跟客户交流之初，Jane 并没有提及保险事宜，而是先聊一些对方感兴趣的话题，当对方放松下来，戒备心也随之降低，Jane 和客户的关系也在聊天过程中拉近了。

谈话过程中，Jane 总是认真倾听，并适当给予言语或表情上的反馈，这就继续鼓励了客户继续畅谈，不知不觉地吐露了当下的烦恼，以及对未来的想法、期望和规划。Jane 也从不插嘴或打断，依然专心倾听，直到最后，客户往往会主动说出投保的想法。

Jane 并不是因为要让对方签单而假装出一副认真倾听的样子，她是真的将关注的重点放在了客户身上，诚心诚意进入到对方的语境和世界，甚至投入到暂时忘了自己的本职工作。

也正因为如此，客户才会放下戒备，畅所欲言，表达内心的真实想法。在外人看来，似乎大部分时间只有客户一个人在诉说，两个人之间的对话是单方面的。但实际上，他们在进行着心灵上的交流和沟通。

所以，想要做到有效倾听，就要用心聆听对方的讲话，保证听得清、听得全，更要在此基础上听得懂，充分理解和把握讲话者言辞后面的真实想法，这样才能达到有效倾听的目的和效果。

三、有效倾听的技巧

在倾听讲话者的表达时，你要听到三层信息：

第一层是事实信息；第二层是情感信息，这两层是表层信息，可以从讲话者的言辞、表情和语气中感受到；第三层是深层信息，它没有在明面上讲出来，而是隐藏在信息背后的真实目的和意图，这就需要结合表层信息，通过你对讲话者的了解，以及你本人的阅历、经验进行深入领会和揣摩。

在实际工作中，我们更应该关注的是深层信息，也就是第三层信息。

每次参与谈话时，要透过讲话者表面上的语言去思考和洞察其为后续带来的影响，因为这些影响往往会导致相关方的某些具体行动，比如对组织架构的调整，对人员的重新安排，对战略方向和解决方向的选择，对正在进行中的项目的调整、修正等。

为了进一步听懂深层信息，实现有效倾听，需要掌握如下倾听技巧：

（一）确认对方的观点

用如下句式向讲话者确认其表达的观点，比如：

"您认为……是这样吗？"

"您认为关键点在于……对吗？"

这样的表达，并不意味着你没有听清楚讲话者的观点，而是通过求证的方式，表明自己在认真倾听，同时也在帮助讲话者重申观点，引起在场其他参加者的关注。

（二）概括对方的内容

你对讲话者刚刚表达的一段内容，进行总结和概括，用这样的句式：

"我可否把您刚才讲到的内容总结为……"

"您刚才这段论述，我想概括成以下三点，可以吗？"

能对讲话者的内容进行简要概括，说明你确实在认真地倾听和思考，并经过二次创作，用自己的语言进行总结和表达，这会让讲话者感受到尊重，对你产生好感和感激。

（三）描述对方的感觉

当你用如下句式跟对方互动时，会让对方感受到你跟他在一个频道上共振：

"您对此感到很失望，是吗？"

"您当时一定备受鼓舞，很有干劲，对吗？"

这表明你不仅仔细聆听了讲话的内容，还能敏锐地感受到对方的情绪和感受，并用语言表达出来，让人有"遇到知音"的感觉。

（四）通过提问，进行互动

用提问的方式，积极参与到讲话内容中，比如请对方进一步解释："麻烦您将刚才提到的××概念，再举例说明和解释一下，可以吗？"

尤其当你听到的信息模糊、不大明确的时候，要通过询问的方式请对方澄清，比如问："刚才您谈到××，但似乎在您的报告中并不是这样描述的，也许是我的理解有偏差，可以请您澄清一下吗？"

（五）同理对方，换位思考

在上面"倾听的五个类型"中，"同理地听"，也就是同理心倾听，是倾听的最高层次，它不是被动地、单纯地聆听，而是能够感同身受、换位思考，站在对方的角度看待事物，试图深入了解讲话者的内心世界，深刻体察他的想法、意愿、动机和感受。

同理心倾听，并不意味着你必须同意讲话者的观点，而是先敞开自己的心扉，让眼睛、耳朵和心灵都打开，愿意去了解讲话者发表意见的动机和初衷；同时去认同对方的情绪，比如问："为什么你这么看？我想听听。"

当对方讲完之后，即便你不认同对方的观点，仍然坚持己见，但却通过同理心倾听，了解了对方持有这种观点是基于什么立场、背景和价值观才提出来的，对你来说，也收获到某种启发。

要想做到同理心倾听，首先不能先入为主，要先放下成见，努力去倾听和理解别人的观点，然后再进一步表达自己的看法，让对方也能理解自己的立场。 而不是在没有充分理解的情况下，就下意识地先反驳别人。这就是所谓"先寻求理解，再寻求被理解"。

举个例子来进一步说明，根据你的分析，你认为在以下三种不同的情境下，如何通过同理心倾听的方法，来判断 Jason 的真实情绪、想法或意图是什么？你如何应对比较妥当？选出你心目中的答案。

案例背景：同事 Jason 负责市场宣传，工作绩效一直不错，但他最近有点低落，某天，他约你下班后一起吃饭聊聊天。

情境1：Jason 说："我花了一个星期时间做了这份策划方案，但领导还是不满意。"Jason 言辞背后的真实意思是什么？

（A）无奈 （B）抱怨 （C）表达建议 （D）希望指导

真实意思：

通过这句话，并不能看出来 Jason 想请你给建议，或者提供指导，只是单纯地想发泄一下情绪。答案选（B）抱怨。

你该如何应对？

你只要听着就可以了，做一个安静的倾听者，偶尔发表一些无关痛痒的抱怨即可。

情境2：Jason 说："说来倒霉，花了一个星期时间做了这份策划方案，也不知道怎么回事，领导就是不满意。"Jason 言辞背后的真实意思是什么？

（A）无奈（B）抱怨（C）表达建议（D）希望指导

真实意思：

为自己的努力没有得到认可而感到无奈。答案选（A）无奈。

你该如何应对？

此时你可以先安慰一下 Jason，抚平对方的情绪。又因为 Jason 提到"也不知道怎么回事"，所以你还需要跟他一起分析下可能导致领导不满意的原因有哪些。

情境3：Jason 说："这可就有麻烦了，我花了一个星期时间做了这份策划方案，领导还是不满意。"Jason 言辞背后的真实意思是什么？

（A）无奈（B）抱怨（C）表达建议（D）希望指导

真实意思：

你感到 Jason 对于领导不满意这件事很在意，也很紧张，Jason 担心影响领导对他的评价和考评，为此信心不足，不知所措。答案选（D）希望指导。

你该如何应对？

此时你可以跟他分享具体的经验，帮助他深入了解领导的期望和要求，并尽快做一份新的方案给领导过目，扭转困局。

这个案例表明，即使讲话者所表达出来的"信息"相同，但在三个不同的情境下，因为表达的语气、关注点和关键词不同，我们通过同理心倾听的方式，就能感受到不同的情绪和诉求，从而抓住真实意思并做出恰当的反应行动，赢得对方的好感和认同。

在实际工作中，每当对方开口跟我们讲一件事情的时候，很多人的自然反应就是给对方建议或者指导。其实，当对方的倾诉只是表达某种无奈或者抱怨的时候，你做一个倾听者就可以了，但如果你非要给建议和辅导，教别人怎么做，别人心里会怎么想？

说不定会觉得你瞧不起人，对你的所谓"建议"很不耐烦甚至反感，暗地里说你"好为人师"，这样一来，你在无形中就得罪了人，自己却不自知，是不是很冤枉？

《非暴力沟通》这本书中说："倾听他人，意味着你放下已有的想法和判断，一心一意地体会他人——体会他人的感受和需要，并试着用疑问句确认我们的理解是否到位。"

有些人认为自己情商不足，处理不好人际关系，是因为不会讲动听的语言，但其实未必，人际关系不佳更可能是因为没有做到认真倾听。

不善倾听的人，并不在意别人讲了什么，反而是过于在意自己的行为，总是想着说什么才能不让对方笑话自己，怎么说才能把话说得漂亮些，得到对方的认同。

基于这种心理，他们很难真正听别人讲话，更不会聚精会神地倾听对方讲话的内容，自然就会忽视和怠慢对方，只是随便地点头附和，心不在焉地听听而已。有时不等别人讲完一段话，就迫不及待打断对方，发表自己的观点。显然这种人就缺乏倾听的意识，是一种要求对方听自己说话的单方面的交谈方式。

培养有效倾听的能力，才能达到良好沟通的目的，它是提高情商非常重要的基础和重要一环，是处理好人际关系最基本的能力。

高情商提问，
轻松得到满意答案

日常生活和工作中，人们之间的对话，基本都是由提问和回答组成的。但你真的会提问吗？你能提出一个高质量的问题吗？

那些低质量、低情商的问题，不仅会让回答者心里不舒服，还可能会产生反感，不愿意回答，就算回答也是随便应付，绝非提问者想要的答案。

可以说，没有高质量的问题，就无法得到一个有针对性的、高质量的回答。而如果你懂得如何进行高情商提问，就能轻松得到满意的答案，或者让对方愿意接受你的观点。

这一节将聚焦进行高情商提问的9个方法，让我们学会提出一个好问题。本节要点：

- 问题不要过于笼统、宽泛；
- 先做功课，不要当伸手党不劳而获；
- 啰唆拖沓，没有直指核心问题；
- 不要请领导做问答题，要做选择题；

- 同样的问题，尽量不要重复提问；
- 用提问的方式，替代直接批评；
- 不要用否定词或者具有否定含义的提问；
- 不要过多使用反问句；
- 带着你的解决方案去提问。

一、问题不要过于笼统、宽泛

有些读者给我留言，直接就问这样的问题：

- "木沐老师，我是一名宝妈，现在想要重返职场，我该怎么办？"
- "老师，我该怎么做才能像您这样厉害？"
- "老师，我想实现年薪百万，该如何做到？"

不是说这样的问题不对，而是所提的问题太大，没有细节，过于空泛，那么答案自然也只有空泛的回答。

如果你想得到真正有用的回答，就一定要明确一点，对方需要从你这里获得哪些重要信息，才有助于进行高质量回答。

上面读者的问题，绝对不是用一两句话就能回答完整、回答清楚的，甚至于一个小时的付费咨询都不够用，可能需要几次。

这是因为为了回答这些问题，我需要了解的背景信息特别多，比如你原来的本职工作是什么？你的优势劣势如何？你擅长的领域有哪些？你对未来的发展和目标有什么想法？你目前做了哪些尝试，效果如何等。

所以，当你想换工作的时候，要把原来的问法："我要不要换工作？"替换成这样的问法："我今年工作三年了，如果现在想换工作，有哪些因素是我必须要考虑的？如果我决定了要换工作，我要遵循什么样的流程？如何开始在外部找工作？有什么具体的方法或渠道？"

在向对方提问的时候，尽量将问题限定在一定的范围内，并且你也需要对该话题有所了解，不能在一无所知的情形下就提问，否则对方很可能不知道从何说起，或者干脆无法回答你的问题。

举个例子，请看 A 和 B 的对话：

A："你是做什么工作的？"

B："我从事人工智能方面的工作。"

A："哦，什么是人工智能啊？"

B：……（一时语塞，不知从何说起）

这样的提问，让回答者没办法回答，因为人工智能本来就比较抽象和复杂，绝不是三言两语就能讲清楚的，对方无法回答也很正常。

但如果你对这个话题稍做一些了解，就可以把问题进行优化，这样提问：

A："你是做什么工作的？"

B："我从事人工智能方面的工作。"

A："抱歉，我对人工智能了解不多，不过我了解过人工智能大概包括机器人、语言识别、图像识别、自然语言处理和专家系统等，那么你主要聚焦于哪个细分领域呢？"

B："哦，我们公司主要聚焦在自然语言处理和专家系统这方面。"

优化前和优化后，两个提问的不同之处在于，优化前，A 提出的问题可能有成百上千种答案，有很多个角度可以切入，所以 B 就无从下手，没办法回答。

而优化后，A 的问题更加具体，并落脚在人工智能分类这个角度，将问题限定住了，那么 B 就能在这个限定范围内轻松作答。

另外，如果我们再深入思考一下，在优化前的提问中，提问者 A 其实是很"懒"的，他没有做任何的思考，就直接把这个问题抛出来，把"思考"这件事推给 B，让 B 去梳理或者盘算如何回答，其实是某种程度的"推卸责任"。

优化后的提问，A 先进行了独立思考，找到一个具体的角度进行提问，带动 B 进行思考，那么 B 只需要在被界定的范围内回答就可以了。

从人际关系的角度出发，优化前的提问，A 的行为主要是依赖和索取，很容易让 B 反感，不予以配合，当然就无法也不愿意给出满意回答。

所以，当你对某个宽泛的问题完全没有了解前，先不要急着提问，而应该先花些时间做知识和思考上的准备工作，然后再进行具体发问，而不是把"思考"这件事一股脑推给回答者。

二、先做功课，不要当伸手党不劳而获

初入职场时，新人对公司的业务、流程、规章都不太熟悉，有不懂的问题向领导或同事请教，这是很正常的事情。但"伸手党"例外，他们经常问一些低级问题，或者在公司内网以及员工手册中查一查、看一下就能理解的问题。

职场中每个人手头的工作都很多，时间和精力有限，不可能把时间浪费在回答这些你自己稍微动动手就能找到答案的问题上。

还有一些人，明明在网上搜索一下或者百度一下就能得出答案，偏

偏要去问别人，基本就会碰一鼻子灰。

想要避免这种情况，一定要自己先做功课，看看是否能回答或找到答案，有必要时把自己的发现和想法总结记录下来；如果还是无法解决，再去请教他人，并把已经做过的功课也带上，这样能让对方看到你已经为此付出努力，而不是"伸手党"，就更加愿意帮助你。

三、啰唆拖沓，没有直指核心问题

描述背景过于拖沓，绕来绕去，就是没有说出核心问题，这是很多人在提问过程中容易出现的问题。

我曾经参加过一次业务会议，某位销售经理向管理层汇报业务情况，他谈到有一个 500 万的项目，本来以为中标没有悬念，结果客户很是难缠……接着又详细地介绍了项目的背景，客户的业务情况等。

讲了大概 10 分钟，一位副总裁似乎有些不耐烦，打断了他，问道："你到底想说什么？"

销售经理无奈地说："我该如何搞定这种难缠的客户，拿下这个 500 万的项目？"

副总裁说："这就对了，你一定要有一个核心的问题。"

所以，你在提出问题前，对于背景的交代一定要选择简短且关键的信息，不要描述太多无用、琐碎的内容，这会让被提问者很快失去倾听的耐心，完全没有意愿回答你的问题，你自然也就无法得到满意的答案。

四、不要请领导做问答题，要做选择题

在实际工作中，你总会遇到一些不确定的问题或难题，需要向领导

请教如何处理，对此有什么建议。

但如果你事先没有做任何准备，直接让领导告诉你该怎么办，试问你的价值何在？

以下 A 和 B 两种问法，你觉得哪一种更聪明？领导会更愿意回答？

A："张总，我们遇到一个问题，不知道该怎么解决，请领导请示。"

B："张总，我们遇到一个问题，我想了几种解决方案，您觉得哪种比较好？"

显然，A 就不是聪明人，他们只会傻乎乎提问，然后等着上司给答案。而 B 的问法，显然更受领导欢迎，他们永远都是让领导做选择题，而不是问答题。

选择 B 方案的这一类人遇到问题，会事先准备两、三种解决方案供领导选择，并逐一说明各方案的优缺点，也会把自己的倾向性表达出来。有的时候领导会从中选择其一，有的时候会在此基础上补充说明一个新方案。

无论如何，因为 B 的充分准备，才让领导更容易做判断，给建议。因此，B 的工作态度和能力也获得了领导的认可。

道理很简单，领导请你来工作，就是希望你能为他分忧解难。但如果你遇到问题，自己想都不想如何解决，就跑去让领导给你出主意、想办法，到底是谁在为谁服务？谁在给谁打工？

因此，向领导求教是没问题的，但你一定要先给出自己的建议和备选方案，让领导做评估和判断，而不是让领导直接给出答案。

五、同样的问题，尽量不要重复提问

工作中向同事请教一些问题是很正常的，尤其如果当你表达出是你第一次碰到此类问题的时候，同事基本都愿意帮助你，但你要尽量问得明确而清晰。

之所以强调"第一次"，是因为只有"第一次"是容易让被问者接受和理解的。但如果是同样的问题，你之前已经问过别人，对方也分享了具体信息，或告诉你该怎么做，没过多久你又去问第二次，对方就会非常不耐烦，觉得你这个人做事不用心，拿使唤别人不当回事，就不愿意继续回答。

正确的做法是，针对同样的问题，问过一次就要认真记录下来便于以后查阅，这样就可以触类旁通，为理解和处理同类的问题提供参考。

当然，如果你对跟这个问题有关联的其他问题，有些不确定或没想清楚，仍然可以找那位同事请教，但在去提问的时候，最好带着自己的思考和初步想法，让对方知道你已经为此付出了努力，这样对方会更愿意帮助你。

还有，如果你在某件事上犯过错，领导也指导和纠正过该如何避免错误的再次发生，那你就要好好反思并进行调整。

犯错并不可怕，可怕的是你不能从错误中学习。

六、用提问的方式，替代直接批评

当下属在工作中出现错误的时候，作为上级，你不要急于直接批评，这样容易挫伤下属的自尊心。如果你想让对方更容易接受，更心甘

情愿地反思和采取弥补措施，可以用提问的方式进行替代。

下面举几个例子加以说明：

例子1：

你本来想批评："你怎么会犯这种错误？"

转化成提问："你觉得现在该怎么做，可以把这个错误造成的损失减到最低？"

例子2：

你本来想批评："怎么又出错了？到底要提醒你几次才能记得住呀？"

转化成提问："上一次出现问题，我提醒你之后，你觉得有没有什么实质上的改变呢？"

例子3：

你本来想批评："这次任务完成得不理想，我希望你以后再努力一点！"

转化成提问："你觉得自己有什么样的优势或强项，可以用于完成这次任务？"

这样提问，目的在于先加强对方的自信，然后再来讨论下一次如何更好地完成工作。

例子4：

你本来想批评："这么重要的活动，你怎么可以迟到？"

转化成提问："本次活动对你来说重要吗？"

这样提问，目的在于讨论心态这个根本问题，而不是已经发生的无法改变的结果。

所以，尽量避免直接批评，而用提问的方式进行替代，在启发的过程中，让下属自己主动认识到问题发生的根源，并且积极采取措施避免重复错误，这是在管理下属过程中很重要的沟通方式。

七、不要用否定词或者具有否定含义的提问

有些人说话的字里行间，习惯带有否定词，或者具有否定含义的提问，这样的说话方式在某种程度上是一个人情商不高的体现。

比如同事穿了一件新衣服到公司，你看到后就问："你这件衣服不是特别贵吧？"这个问题一提出来，对方听了之后可能并不想回答，心里还会很不舒服。

为什么？因为你的问题里传递的潜台词，很容易让人理解成："哎呀，你这件衣服质量看着不怎么样，款式也不太新潮，你选衣服的眼光不太行啊，而且也有点抠门图便宜。"

你说这种判断和评价，谁听了不生气？

你可能会说自己没什么恶意，就是闲聊，随便一问，并没有上面这个潜台词的意思，是对方想多了。

但其实不是，如果你不想让对方多想，感觉不舒服，只是想了解衣服的价格，完全可以这样问："你这件衣服大概是什么价位呀？"这比前面的问法更容易让人接受。

就好比给老人祝寿，大家都会说："祝您健康长寿"，但如果你用否定词，说："祝您不会得病"，是不是立马让人不舒服，甚至想要打你？意思虽然没变，但对方的心里感觉却是天壤之别。

在向对方提问的过程中，如果你在言辞上总是明里暗里地否定对方，谁会听不出来呢？这个时候，换做谁都想怼回去，而根本不想回答你的问题，以后也不想再搭理你，比如这样的提问：

"你房间这么乱，就不能打扫一下吗？"

"你为什么要去那种地方？"

"你又趁我不注意的时候偷懒了吧？"

八、不要过多使用反问句

在与人交流的过程中，如果你过多使用反问的句式，特别容易引起对方的反感和情绪的反弹，对方不仅不会配合你，反而会针锋相对，导致冲突。

举个例子，你的电脑邮件系统发生了一点问题，经常发不出去邮件，于是你打电话给IT部的负责同事："小丁，邮件系统怎么老出问题？你们能不能好好检查一下？太耽误使用了！"

面对这样的反问，脾气好的人，可能暂时不说话；脾气不好的人，可能马上就回答："别人用都没问题，怎么就你用有问题，我看不是系统的问题，是你操作不当！"如果你再继续回呛，两个人你一言我一语，可能很快就会吵起来。

但如果最初你能对IT部同事使用正面请求的语言，结果就大相径庭：

你可以这么说："小丁，我这边邮件系统好像有点问题，用不了，可否请你帮忙给看一下？"

这个时候，小丁就会说："好，我待会有空过去帮你看看！"

第一种提问模式，是一种反问，这种反问已经预设了一个负面答案，而这种预设往往是基于提问者的愤怒、抱怨等负面情绪，在上面的例子中，就是预设了IT部同事工作不负责任，不及时检查系统使用情况，为此你很是生气。

而作为被抱怨的一方，谁又能心甘情愿地接受无端指责呢？

因此，一旦你的提问开启了反问模式，基本上就等同于陷入向对方进行"攻击"的模式，显然你能收获的绝不是对方的和颜悦色，而是"沉默（冷暴力）"或者"反击"，导致矛盾升级。

可见，沟通过程中应该少用反问，多使用正面提问，才能收获满意答复。

九、带着你的解决方案去提问

想要获得具体、有帮助的且有针对性的答案，最好带着你的建议或者解决方案去提问。

举个例子，你在销售工作方面遇到了问题，找老板汇报工作，希望得到他的指点，对话如下：

你："老板，我最近在销售工作方面有点儿困扰，遇到一个难缠的客户，该如何搞定他呢？"

老板："不管怎么样，这个月的销售指标你必须完成。"

老板的回答没错，但显然是一句正确的废话，他并没有给你带来任何具体的行动指导，你也根本没有得到想要的答案，你问了也是白问。

问题不在于回答者，而在于提问者没有提出一个优质问题，你的提问没有针对性，也没有给出你的建议供领导评估。

将这个提问优化一下：

你："老板，我有个客户想要更低的折扣，而他的销售额占我这边销售指标的 1/4，对我完成本月目标至关重要，老板，我想跟您讨论一下这个低折扣的可能性，可以吗？"

老板:"这样啊,那你跟我说说这个客户项目的具体情况,申请这么低的折扣是不是合理,能不能保住我们的利润?"

显而易见,优化问题后的回答中,老板不仅表示真诚帮你,还主动要跟你了解细节以便于给到你落地、有针对性的建议。原因就是提问者的问题非常具体、优质。

杜邦公司前董事长兼 CEO 贺利得,在杜邦任职将近四十年,他说:"从一开始,我所受的训练就是关于提问的,而且是学习如何提出好问题。我习惯用提问的方式,从别人身上找出解决问题的方法,以及如何更快速让大家达成共识。"

可见,**提问的力量不仅是寻求答案和释疑解惑,更是通过拓展自己的思维,逐渐追寻事物的本源,创造更多可能性。**

好的问题,比命令更为有效。只要善用提问的技巧,就可以得心应手。

好的问题,带领人走出思维困境,获得思想自由,驶入宽阔的智慧之河,一次次体会"柳暗花明又一村"的惊喜和感动。

如何进行和谐而愉快的沟通

我们每天都在进行大量的交流和沟通。创造一个良好的谈话环境，让沟通在和谐、愉快的氛围中进行，无疑对于营造良好的人际关系，达到自己的沟通目的是非常重要的。

同时，在各种各样的沟通中，有很大比例是要去说服别人接受我们的想法、观点或方案，从而让对方采取我们期待的行动的。这要比普通的聊天难度更大，也需要一定的技巧。

这一节我们将围绕如何进行和谐而愉快的沟通而展开，要点如下：

- **避免尬聊的 8 大技巧；**
- **说服性沟通的技巧。**

一、避免尬聊的 8 大技巧

不管是出于朋友之间的倾诉，还是出于同事交流彼此观点的需要，聊天都是一种极为普遍且重要的社交方式。

一段谈话，哪怕只有简短的几分钟，都能轻松地缩短我们与陌生人的距离,开始一段新的友谊,或是加深彼此之间的感情联络。

但并不是每一次交谈都会有愉快的体验,有时候你难以避免会遇上一种人,因为不懂如何聊天,很快就能终结别人的聊天欲望,让谈话戛然而止,形成"尬聊"场面。

那么如何避免"尬聊",让聊天在轻松愉快的氛围中进行呢?分享以下8个技巧:

(一)迅速寻找双方共同点

沟通中有个原则非常重要:**相似点相互吸引,相异点相互排斥。**

所以,在跟不熟的人聊天之初,一定要想办法发现彼此之间的共同点,将其作为聊天基础,比如籍贯、饮食、职业、星座、方言、爱好等,最好是正面的认同,也就是说从褒扬对方的角度出发,而不是讽刺或挖苦。

即使暂时没找到你们的共同点,你也可以借用自己熟人或好朋友的共同点,就他的这个优点开始讲起。比如这样说:"我最好的朋友(或同学、同事),就是你这个星座(籍贯、职业爱好)的"。

这样的谈话方式就会让对方立刻知道,你对他有初始的好感和认同,**对于创造后续的友好聊天氛围非常有帮助。**

(二)快速定位到对方近期的某件事

当你跟关系不大熟的朋友或同事聊天,不知道该如何打开话题时,**快速回想一下你所知道的对方最近发生的一件事,用正面认同的方式开启聊天。**

比如,在员工大会会场,你旁边坐了一位虽然认识但不太熟的同事,你想起来前一段时间,在公司组织的跑步比赛中,他获得了不错的名次，于是你说："上次迷你马拉松比赛，我记得你好像拿了第三名吧？我们部门同事都说你太牛了。"

这样就会让对方觉得你对他的成就很关注，对你产生好感，谈话氛围一下就变得轻松了。

（三）真诚地对别人感兴趣

想要让聊天变得真诚、自然和有趣，首先你就要真诚地表现出对聊天对象和其表达的内容感兴趣。善于发现别人身上的闪光点，并不把聊天当作一种负担，而是当成一次美好的互动。

做到"真诚"，就要学会赞同别人，同时也要适当袒露自我。

赞同别人，并不是要求你赞同对方所有的观点，即使你大部分不同意，但一定能找到其中某一部分说得有几分道理，对这一部分你可以先肯定，然后委婉表述自己的看法。

比如用这样的句式表达：

"是的，您刚才讲的××是有道理的，有些人可能真的会这么去做，我同时也在想……"

这个句子结构就是先赞同，再表达自己的疑惑，让对方比较容易接受和倾听下面的谈话。

谈话过程中，你也不要把自己包裹得太严，在不触及个人隐私的情况下，聊一些自己的生活、观点、体验、感受等，能让别人感受到你的温度和真实感。

（四）让话题不中断，持续下去

当聊天发生中断，彼此陷入尴尬时，你又不想太过刻意地寻找话题，这个时候应该怎么做才能让聊天自然地持续下去呢？

你可以尝试如下两个方法：

1. 在对方信息中找到新的切入点

留心对方的话语中提到的信息，从中找到新的切入点，将话题拓展开来。

比如对方刚才谈到自己喜欢最近的热播剧××，你就可以顺着这个话题继续聊，这样问："你最喜欢里面的哪个角色？"

对方会谈到某个角色时，你可以继续就这个角色在电视剧里的演技，或者就其曾经主演过的其他影视剧展开进一步的交流，让话题源源不断。

2. 在自己的话中埋入可扩展的话题

把拓展话题方向的任务交给对方，让对方在不知不觉中找话题继续聊天。

比如你和同事聊天，说道："我今天提前1个小时出门，打车只用20分钟就到公司了。"

因为同事对你比较熟悉，所以他听后很可能会有这些问题："为什么今天要提前一个小时出门？""平时都坐公交，为什么今天打车？""这么早到公司有什么事情吗？"……

这几个问题其实就是你自己在聊天中提前埋下的，对方很可能顺着话题的方向进行追问，聊天就可以继续下去了。

3. 多用"后来呢""还有呢"这样的句式

当对方描述自己的经历或故事的时候，你可以多用"后来呢""还有呢"这样的句子让聊天持续，这会让对方觉得你对他说的话很感兴趣，而不是一个人在自说自话。

（五）认真倾听，不要急于表达观点

有些人的自私不光是在利益上，同样会体现在跟他人的聊天过程中。

他们总是想自己多说，别人少说，只要听自己说就可以了；或者当别人发言表达自己的观点时，没等别人说完就打断进行反驳，或者表现得极不耐烦，没兴趣听别人讲话。

这些表现都是很不礼貌，不妥当的。想要与别人愉快地聊天，就要**先充当一个倾听者的角色，多听别人说，只有听得越完整、越充分，你能了解的深层信息才会越多。**

只有这样你在反馈或者互动的时候，所说的话才能够说到别人心里去，千万不要还没听全就急于开口表达自己的观点。

（六）适可而止，不要连续提问

与不大熟悉的人聊天，特别忌讳进行连续的提问，也就是俗称"查户口"。比如像这样问：

"你现在做什么工作？""你哪年出生的？""你是哪里人？""你在哪工作？""你是什么工作？""你在哪上学？""你是学什么专业的？"

这些问题可以偶尔问一两个，但不要连珠炮似地连续发问，这样会让对方感觉非常不舒服。换位思考想一下，如果你对面就坐着这样一位，那你肯定想立刻抬屁股走人。假如是网上遇到的陌生人，分分钟把他拉黑没商量。

跟这样的人聊天，不能让人享受到互动的轻松，因为无论你回答什么，对方会一直揪着不放，继续提问下一个问题，他们只关心自己想知道的问题，对你说的话似乎都没反应。

这会让人感觉对方只是在关心自己的隐私，完全不在意自己的观点、想法和感觉，让人感到没有安全感。

所以，**在聊天时一定要适可而止，避免不停地提问。**

（七）保持克制，不要随意负面评价

在聊天中当你说起某件事情的时候，如果对方总是对此发表负面评价，肯定令你心生不快，聊天也因此变得非常尴尬。

比如你刚买了房子，同事就说："你怎么想的呀，难道没看最近的财经新闻吗？怎么这个时候买？专家预测今年房价会下跌。"

这样讲话，让你不知道该如何接茬，话题很明显就到此为止了。

其实大家在一起聊天，谈到某个话题的目的，是希望与对方就这个话题聊下去，而不是让对方评价自己好还是不好。尤其在这个时刻发表负面评价，更是不合时宜。

因此，**在聊天中即使对某件事很有自己的想法，也要保持克制，切勿随意评价对方。**更不应该因为对某一个人有意见，而进行人身攻击或故意贬损，这样会让别人觉得很没面子，谈话氛围异常难堪。

（八）不要给廉价、无价值的建议

当你跟朋友跟诉说某件烦心事的时候，并不一定都是期待对方给你建议，哪怕是想让对方给出主意，也希望获得**比较务实、接地气的方法，而不是口不择言的廉价建议。**

比如你跟朋友说："我今天被领导批评了。"对方立刻接道："这样的领导，我看你还是别伺候了，你辞职吧。"相信你听到这样的"建议"，会非常后悔跟对方讲这件事。

朋友是不关心你吗？也不是，只是在还没了解具体原因和情况，不

清楚你的诉求和想法的情况下，提出这种无脑的、简单粗暴的建议，说出来并没有什么价值和意义可言。

二、说服性沟通技巧

掌握了避免尬聊的方法，就能让聊天在愉快的气氛中进行。在此基础上，还需要通过运用说服性沟通的方法，说服他人接受你的观点，让彼此的交流顺畅、愉快。

（一）影响说服效果的 4 个因素

对方是否愿意接受你的观点，你说服他人的效果如何，取决于如下四个因素：

1. 说服对象是否坚持立场，以及是否有相关经验

如果说服对象（也就是受众）很喜欢坚持自己原本的立场，那么他就不容易被说服，说服过程会比较艰难。

同时，如果受众对于要讨论的事情本身有丰富经验，他就更倾向于坚持自己的立场，说服效果也会打折扣。比如他们经常会说：

"您说的听上去是有道理的，但在实际操作中，我看到的情形并非如此，可能您在这方面亲身经历的还不多……"

尽管如此，如果你想要说服对方，还是有办法的，比如**强调你的想法或观点的"新颖性"**，这就能在一定程度上削弱受众的过往经验带来的影响。

比如，你说："我讲的是今年年初刚刚发表的最新研究成果"，或者"我昨天刚刚听过××教授的直播，他谈到这项技术的最新成果是……"

人们总是对所谓"最新"的信息和事物有强烈的好奇心，所以当有人展示出更为新颖的内容或信息时，受众就更有可能会放下成见，仔细聆听和思考你所带来的新内容，而质疑自己的过往信息或经验。

2. 你所传递的信息是否与说服对象有关

当你试图说服受众接受自己的某种观点或方案的时候，他们立刻会想："这和我有什么关系？其他人也同意吗？"

人们会更愿意花时间和精力去思考跟自己有关的事情，尤其当自己的立场、决定或行动会对切身利益有影响的时候，他会更容易认真倾听和理解你要传达的信息，也更有可能去接受。

比如，当你邀请同事参与跨部门协作项目的时候，如果你能指出该项目对于他们部门的重要性，对于他本人会有哪些收获时，对方有可能会更仔细地考虑并积极参与和配合你。

3. 说服对象是否看到了相关证据

在说服他人的过程中，特别是针对那些没有标准答案的问题，**如果你能提供有利的证据，将对受众接受说服有很大影响。**

比如，当你在求职过程中，对选择哪种类型的企业举棋不定时，身边的人基于各自的经历和看法，会劝你做出不同的选择：有的钟情于国企，有的建议你选外企，也有人说民企有发展前途……听上去都有道理，这让你无所适从，不知道哪个决策才是正确的。

但如果其中某位说服者给了你一组数据，内容是三类企业员工对工作的满意度调查的结果，或者列举了一些熟人在某类企业的现状和发展之路，你会被他说服的概率就会增大。

4. 说服者是否是某领域专家或权威人士

如果你在该话题领域是专家或权威人士，那么你的观点就容易让受众信服。

但如果你在此方面不够权威，人们通常很难听从你的观点。哪怕抛出观点后过了几天、几个月后，因为各种原因，人们开始认可你当初提到的观点，但是即使回到当初，他们也一样是不容易被你说服的。

所以，当你要说服别人的时候，先认真盘点和梳理一下是否可以找到一些背书、资质或证据，来佐证自己在这方面的专业性和发言权。

（二）说服性沟通的 5 个技巧

1. 寻求双方的"一致点"

有些人之所以难以被说服，很大程度上是因为个性使然，他们习惯于顽固拒绝他人的说服，心理上经常都处于随时说"不"的状态。

针对这种人，如果你一开始就强迫他接受你的观点或方案，无助于打破他的这种说"不"的心理。

那么想要说服这种人，是不是就无计可施了呢？也不是。

你要通过上下文的谈话，努力寻找与对方契合点，哪怕这部分跟你要说服他的主题无关也没关系。因为只要从这个一致的地方开始聊，对方一定会自动赞同你，因为这部分契合的内容原本就是他认同的内容。

这么做的目的，主要是先解除他的防备心理，当心态上处于放松状态时，他就会开始对你说的话感兴趣。接着，你再想办法引入本次谈话的主题，或你本来要表达的观点，以期最终得到对方的认同或同意。

举个例子说明。

你是销售人员，想要说服市场部同事 Lily 同意你们参加在扬州举办的展会。但 Lily 一直说今年市场宣传费用很紧张了，没有额外的预算，没办法同意你的提议。

这个时候，你就换了一种沟通方式，你们的对话如下：

你:"Lily,你的意思我明白了。对了,我记得你在上次会上讲过市场部的宣传活动是为了提高公司的品牌知名度,也是为了寻找到更多的潜在客户,这一点我非常同意,我之前的不少新客户都是通过市场活动获得的,非常感谢你们市场部。"

Lily:"是的,毕竟市场宣传的最终目的还是要帮助销售部门,增加品牌曝光率,让更多的人知道我们公司的产品,这样你们销售起来也会很轻松。"

你:"Lily 实在是太理解我们销售了。关于扬州那个展会,我知道我们向市场部申报参会的时间有点晚,这的确是我的问题,但是因为这个展会的客户基本覆盖了江浙地区,江浙地区也是咱们东部要发展的重点,你看可不可以特事特办,跟你们老大汇报一下,我这边的老板问题不大。"

Lily:"是这样啊,那我就试着跟我们领导汇报一下这个特殊情况,如果需要,可能还需要你们老大过来面谈这件事。"

你:"没问题,谢谢你了,Lily。"

这个例子中,当你发现最初的说服无效的时候,就立刻转移到认同对方关于市场部的职能论述的这个点上,接着慢慢引入你的主张,最后达到目的。

以后当你再遇到对方不易被说服的情况时,千万不要继续硬碰硬,死皮赖脸让对方同意,试着从你们意见一致的地方作为切入点,然后再引入你原本的话题。

2. 让对方从情感上理解你

当你谈论的事情是对方非常熟悉的,此时就不要用客观理性的分析来说服对方了,反而用"动之以情"的方式会比较容易打动对方来接受,让对方从情感上理解你和支持你。

比如，你想请物流部同事尽快给你的客户发货，这个时候你完全没必要去催。因为客户着急，可否将不太紧急的订单往后稍微推迟一下，这个道理谁都明白。

你只需要说："真的不好意思麻烦你了，如果这个客户三天内收不到，就会跟我老板投诉，到时候老板肯定没好脸色，让我吃不了兜着走，就拜托你了。"

反过来说，在谈论对方不熟悉的事情时，要用"晓之以理"的方式，也就是提供充足的数据和案例进行说明。

比如你给客户介绍一款新技术研发的产品，就要多从理性分析的角度详细说明，用以说服对方。

3. 请对方在"做还是不做"之间做选择

一般人不喜欢只有一种选择，从而让自己没有选择权。因此，你在说服他人的过程中，如果让对方感觉他必须接受你的观点，他们就会觉得你只给了他们一个选项，没有其他选择，相当于是被强迫去接受，所以通常不会"就范"。

但如果你能主动赋予他更多的选择，他可能反而不再抵触，会去认真地考虑你的建议。

举个例子，当你想请对方帮忙或者在某个日期截止前完成某件事，说完这件事后，如果再加一句"当然，你可以选择做或不做"或者"当然，你可以按时完成也可以延迟"，他们多半会回答："好的，我试试。"

4. 学会使用对方的语言

谈话过程要保证双方在同一个频道上，使用对方常用的词汇、用语，以及熟悉的例子等，让对方觉得你很在意他们，从而增加对你的好感度，并认同你的观点，答应你的请求。这是因为人们更容易被自己喜欢的人所说服。

但如果相反,你总是用对方会感到生疏的语言,那么说服他人的效果就会很差。比如你用计算机术语,来向生产部同事解释一个问题,对方可能根本不能理解你在说什么,当然就很难和你产生共鸣,更别说被你说服接受某个观点。

5. 请适当加快语速

在说服他人接受你的观点的过程中,**如果你已经初步预判出对方可能并不欢迎或者不喜欢你的想法,那么你可以适当加快语速进行陈述**,因为语速的加快会令对方要多花些时间去思考和判断你这个观点,所以就没有时间去反驳你,从而就更容易接受了。

(二)不被他人轻易说服的技巧

以上五点谈论的是如何说服他人认同你的想法,反过来说,如果你不想被他人轻易说服,要掌握如下两个小技巧:

1. 揣摩对方的动机

当别人试图说服你的时候,你不用急着应允或者拒绝,思考或揣摩一下对方这么说的意图或动机是什么?如果你被说服了,对方会获得哪些好处?他获得的这个好处会不会损害你的自身利益?

经过仔细分析,**如果确定这样做会有损你的自身利益,你的警惕性就要加强,不要轻易被对方说服。**

2. 委婉提出自己的质疑

当对方表达了他的想法或者观点后,你可以委婉提出自己的质疑,比如质疑信息的来源、提出跟他所说的相反的案例等,然后听他的解释是否合理,说得通。

通过质疑也能够打乱对方思考和谈话的节奏，为你自己赢取更多的时间，进一步思考如何反驳对方，也就不容易被其说服了。

综上，不要总说因为自己不会聊天，或者性格内向，所以对改善人际关系无可奈何，当你真诚且用心地敞开心扉，寻找彼此感兴趣的话题，尊重对方的喜好和观点，就能感受到对方的善意和好感，聊天也会变得和谐而愉快。

当你选择用恰当而得体的方法去说服他人，而不是用简单粗暴的方式强迫他人接受自己的观点，你就会发现那些曾经很难被说服的人，你也愿意主动去尝试说服了。

如何用委婉方法处理棘手问题

置身于职场,与同事或上司之间存在意见上的分歧,理解上的偏差或误解,发生某些小的磕碰、矛盾甚至潜在的冲突是在所难免的。

遇到这些问题,如果你不经大脑思考,被情绪左右,就很容易使矛盾扩大化和升级,既无助于解决问题,也会造成自己的心态失衡,最终影响工作绩效的达成,并导致周围的人际关系进一步恶化,前途受挫。

因此,要学会用委婉和优雅的方式应对棘手问题,才能使自己的职场人际关系更加和谐,工作更加顺利。本节要点:

• 如何委婉打断别人的讲话;
• 如何跟领导委婉表达不同意见;
• 如何委婉处理人际矛盾。

一、如何委婉打断别人的讲话

在有效倾听的部分,我们谈到过要认真倾听,对讲话者保持尊重,不要轻易打断。

但实际工作中确实有些情况是有必要打断的，但这个时候你不要用生硬的方式，而要用友好和礼貌的方式委婉表达出来，这样既达到了目的，又不会引起对方的反感。

下面就四种常见情形进行说明。

（一）有更加紧急的事情要说

如果别人正在谈话，为了告知一方更重要的事，或者传递重要的信息，你不得不插话，在以下两种情形中，建议使用下面的句式，进行友好地打断：

1. 第三方有事找一方交谈者，打断其谈话

如果当 A 和 B 在交谈的时候，你要找 A 处理急事，要先跟 A、B 双方同时打个招呼，如：

"不好意思，先打断你们一下。"

看到双方停下来后，你跟 A 迅速说明来意，语言尽可能简明、扼要，如果需要单独交谈，可以请 A 暂时离开会议室。

处理完事情后，你要立刻离开现场，并跟 A 和 B 再次表示打断谈话的歉意。

当然，如果只是请 A 对某个文件紧急签署，你可以走到 A 跟前，说：

"不好意思，打断一下，A 总，可否请您先帮我签个字？这个文件比较紧急。"

2. 交谈一方想要补充或者纠正对方

当一方正在谈论某个观点或事项时，另一方想要进行补充说明，或者联想到与该话题有关的其他情况，需要打断对方，说出自己的意见，可以这样说：

"不好意思，打断您一下，我插一句……"

"不好意思，请允许我补充一点……"

这样适当地打断和插话能活跃谈话的气氛，但不宜太多，不然就会干扰对方正在进行中的思路和节奏，也会令对方不悦。

（二）请讲话者复述或者举例

在跟别人谈话的过程中，如果对方说话的声音太小、讲话太快、口音重听不清，或者是你走神了，刚刚错过了对方讲过的内容，而这些内容又比较重要，那么可以用委婉的表达方式打断讲话者，请他重复说一遍或者语速慢一些。

比如这样说：

- "抱歉我刚才没听懂，能麻烦您举个例子吗？"
- "不好意思，您能不能讲得慢一点（清楚些、大点声）？"
- "实在不好意思，刚才您讲的观点，可否再重复一遍？"
- "所以，您刚才的意思是××，是这样吗？"

最后一点，其实就是通过复述对方的观点，来确认自己的理解是否正确。所以如果你没听清或者没听懂，不妨把自己的理解跟讲话者复述一遍，请对方确认。

（三）及时肯定谈话者的观点

当对方跟你聊起他喜欢的书、电影、音乐或者其他兴趣爱好，刚好你也有同样的感受时，可以稍微打断一下，及时给予互动和认同；当对方分享自己的过往经历或趣事，你也有过类似经历时，也别忘记告诉对方你的体验。

可以这样说：

- "我喜欢那位作者！"
- "那部电影确实太令人失望。"
- "这种感受我也有过。"
- "我了解你的意思，确实有点挑战。"

交谈过程中，及时跟对方进行互动，认同对方并给予回应是必要的，也是有礼貌的表现。但凡事都有个"度"，及时地表达赞同后就要停止，让对方继续聊刚才未完的话题，而不是由你来代替。

（四）想加入正在进行的谈话

当别人就某个话题正在交谈或讨论时，你听到后认为有必要加入其中，就用提问的方式委婉打断，比如：

- "请问，我可以加入你们的讨论吗？"
- "您看，就这个话题，我可以再补充几点吗？"

用询问的句式、礼貌的口气打断别人的谈话，基本不会引起对方反感，令人觉得唐突，你的请求也不会遭到拒绝。

以上就是通过采取委婉方式打断进行中的谈话的四种情形。

另外，如果你在讲话途中被别人打断了，也要学会把话题再重新拉回来，继续之前的谈话，可以用如下句式：

- "那我继续刚才说的……"
- "回到我们刚才讨论的，我认为……"
- "咱们重新回到刚才聊的话题吧。"

二、如何跟领导委婉表达不同意见

当你在跟领导交流工作的过程中，发现自己的想法或意见跟领导不一致，那么是否需要说出来？

这个问题不能一概而论。

在团队开会期间，无论你的意见对不对，都不要急着先去否定领导，因为没有人喜欢在公开场合被否定，所以当众跟上司争论不休，直接反驳或者不认同领导的意见，都是不明智的做法。

即使你的意见是正确的，想法对公司有好处，这么做也会让领导心生不快。

所以，你要寻找其他适合的场合，跟领导进行一对一私下沟通。当然，即便是一对一沟通，你也不能过于直接，不考虑领导的感受和颜面。

我建议你运用如下三种委婉表达技巧，说服对方的成功概率会高很多。

（一）先肯定合理部分，再迂回切入自己的观点

领导的想法或意见一定有其合理的部分，或者你也赞同的部分。那么就先从你们都认同的这部分开始谈起，一方面为你后续发表不同的意见创造良好的谈话氛围，另一方面也能让你的反对立场模糊一些，不那么尖锐和直接。

比如这么说：

"领导，您刚才说得非常有道理，尤其××这部分，特别符合实际情况，我也有个想法，不知道能否占用您几分钟时间，我跟您汇报一下吗？（说出自己的意见）"

"领导，我特别同意您刚才谈到的××，正如您说的××，我还有另一个思路，您看我可以说一下吗？"

注意，一定要想办法在较多方面跟领导达成共识，领导心情好了，对此有兴趣了，下一步才有可能采纳你的意见。

随后，当你开始切入到自己的立场和观点时，要注意语气语调，始终保持平和、谦虚的态度比较重要。

同时，要学会站在领导的角度考虑问题，从他的立场来看，为什么会对你的想法持反对意见？有什么他自己的独特理由吗？是没有考虑周全所致？还是你们对某件事的理解有所偏差？

此时，你也要留心观察领导的表情和情绪，他对于你的反对意见的接受程度和反应如何？

如果并不激烈，他也愿意聆听你的解释，那么你就可以循序渐进；如果他的反对比较激烈，你就要注意，不要执拗反复地强调自己观点的正确性，多去体会和洞察领导真正的关注焦点在哪里。

（二）降低调门，用探讨的语气让观点更中立

不要以为自己的想法更正确，就理直气壮地大声驳斥别人，尤其是当上司跟你持不同的意见时，更不能如此。

这个时候反而应该显得更为低调、谦逊，用探讨的语气表达自己的观点，让观点看起来更加中立，而你讲出来的目的只是做一个补充或者提供新的思路，让决策还有改善的空间，并不是为了反对而反对。

在表达自己观点的时候，你可以在一开始就加上否定的词语以示谦虚，比如这么说：

"我补充一点，这个想法可能不是百分百完美，我试着跟您分享一

下……(说出自己的意见)"

"我有个想法,不太成熟,可能还有很大的修改空间,是这样的……(说出自己的意见),您觉得呢?"

这样的表达方式会让你讲话的语气听来很礼貌、很谦卑,会让人更愿意去倾听下面具体的内容。如果正在会议中,你这样的表述会因为谦虚的态度获得在场同事的尊敬。

(三)想好备用方案,增加被同意的概率

当你运用上面两个技巧后,如果发现领导态度还是比较坚决,不能接受你的想法或者方案,你就不要再继续纠缠,坚持己见,那样只会增加双方的对立,无助于问题的解决。

为了避免这种情况的发生,你要事先准备好几个备选方案,当跟领导的沟通无法达成一致后,就向他展示一下备选方案,或者附有条件的其他替代办法。

通过这种对比,领导对你主推的方案中的亮点会更加理解,也增加了他同意你的方案的成功率。

举个例子,当领导不同意你的想法时,接下来你可以这么说:

"领导,我明白了您的顾虑。其实我的核心目标是能降低一些费用,所以我想到了另一个方案,也能实现这个目的,但具体做法会有一些差异,您看我来给您说明一下如何?"

三、如何委婉处理人际矛盾

虽然我们总是在试图跟周围的同事处好关系,但因为种种原因也经常难以避免在个别情况下产生潜在的矛盾甚至冲突,所以掌握委婉处理

问题的技巧，化解矛盾，对顺利解决问题很有意义。

以下四个技巧供你参考：

（一）站在对方利益的角度换位思考

解决问题的时候，不要强行让别人服从命令，这种方式并不容易让对方信服和采取行动。

大部分人对跟自己有关的事情感兴趣，那么你就应该通过换位思考的方式，思考一下这件事能带给对方什么好处或利益，从而弱化可能的对立或矛盾，使问题得到解决。

举个例子，你在财务部负责报销，接到销售人员小刘递过来的报销单，发现他的发票粘贴不符合规定，应该予以退返，重新粘贴。

但如果你直接退返给小刘，可能会激化财务部跟销售部的矛盾，因为他们本来就经常抱怨财务部流程烦琐，耽误销售部的时间，该如何处理呢？

这个时候，你换位思考，站在对方利益角度上用委婉的言语表述如下：

"小刘，我知道你们做销售很辛苦，平时花销很大，需要尽早报销拿到现金。不过，因为你粘贴得不大规范，这样领导来抽查的时候，他就会把你这份拿出来退给你，到时候你还是要重新粘贴。那么等你再交过来的时候，又耽误了好几天，就很可能错过最近的一次集中打款时间。你看要不要现在重新粘贴一下？如果你不会，我给你做个示范。要是能在今天下班前搞定的话，就能赶上这次打款。"

小刘听到这样的一番话，就会觉得你在为他考虑，为他着想，而不是生硬地让他必须服从公司规定和流程，从而更愿意采纳你的提议，配合你的工作。

（二）不直说，通过侧面表达的方式阐明立场

当你发现有人在背后告你的状，编排你时，你一定很生气，但还不想跟对方彻底撕破脸，让矛盾升级，该如何处理呢？

建议找个机会跟他沟通一下，但先不直接说这件事，而是采用旁敲侧击的方式敲打对方，同时阐明自己的立场。

举个例子，最近部门有个晋升名额，平时领导经常表扬你，因此你认为自己很有希望。但最近你却从 HR 部门听说，同部门的同事小张被提拔的可能性更高，因为小张说你自己不想晋升和做更有挑战性的工作，比较安于现状，认为现在这样挺好的。

你听后颇为恼火，这分明是无中生有，故意诋毁你。你想了一下，要是直接找小张并当面质问，势必造成同事关系破裂，也让领导和 HR 部门误以为自己为了竞争，打击同事，那么该如何处理呢？

中午在公司食堂，你跟小张一起吃饭，通过侧面表达的技巧来委婉表述：

"小张，我知道你和我一样都积极要求进步，人力部门同事和领导也经常鼓励我，让我快点成长起来。是啊，快点成长，就得主动去承担一些挑战性的工作，哪有躲清闲的道理？我是个闲不住的人，你也知道的。所以他们只要一跟我说公司里谁不想干苦活、累活，我就明确地跟他们说，我可不是这种人，我早做好了准备随时迎接挑战呢。你说是吧？"

通过这样的沟通，你并没有直接指责小张，表面上也没有激化矛盾，但小张听完后，肯定就明白了自己背后编排人的事情已经被当事人知晓，以后就会有所收敛，停止搬弄是非，这样就达到了你此番沟通的目的。

（三）自己主动"认错"，间接指出对方错误

当问题出在对方身上时，你为了保全对方面子，不想直接指出来，而是用"自己的错误"来解释发生在对方身上的错误，从而自然地表达出自己的真实想法。

举个例子，你是销售部负责人，邀请到集团讲师李老师给部门的下属做大客户管理方面的培训，上了一节课后，你听到销售部同事的反应讲课内容过于理论化，他们想听更加实战的内容。

如果你跟李老师直接指出这个问题，会担心对方下不来台，还丢了面子，该如何处理呢？

这个时候，你可以委婉表述为：

"李老师上节课的分享真的很有高度，我们大家都很有收获。实在是不好意思，这事怪我，我之前忘了跟您说，咱们这次参加培训的学员都是冲在一线的销售人员，我知道您的案例库里有很多实战案例，您要是能把这些宝贝也给咱们销售人员分享一下，我想大家有了理论，又有了真实案例，他们一定会学得更快，马上就能用起来，所以还麻烦您多多费心，辛苦啦。"

你在这段话中，并没有直接指出李老师讲课存在的不足之处，而是转化为自己的错误——忘记跟李老师介绍学员的工作背景，给足了李老师面子。

那么他在听完这番话以后，会立刻明白你的意思，就是要加入实战案例，而不能光是停留在理论阶段，你也就轻松地化解了这次的沟通难题。

（四）赞美或同理他人，为解决问题创造氛围

当你发现对方有问题或者发生错误时，没有立即指出来，而是在正式说

明该问题之前，先赞扬对方做得好的地方，或者同理别人目前的处境，从而拉近彼此的距离，为解决问题创造氛围。

举个例子，财务部同事小李给你提供了一组数据，你发现其中有个严重的错误，但又不想先指出这个错误影响对方的情绪，毕竟以后你们还要经常合作，该如何处理呢？

这个时候，你可以委婉表述为：

"小李，这几天你帮我们整理了这些数据，辛苦了啊。这么多的数据，要是我来做，肯定做不完，你的工作效率真的挺高的，以后还少不了麻烦你。"

小李听到这些话，就会觉得自己的工作得到了理解和尊重，这种情绪有利于后面你跟他的沟通，当你再进一步去讨论小李工作中存在的一些错误时，他会更容易接受。

综上，在职场上遇到难以处理的问题时，千万不要意气用事，咄咄逼人，要先学会管理好情绪，让自己在平和的心态下思考如何才能委婉应对。

尤其在向上司表达不同意见和想法时，就更要留意说话的语气和态度，以及采取表达上的委婉技巧和方式，这样才不会引发领导不满，能让彼此理性而妥善地解决问题。

学会善于同理他人，给对方多一些包容和理解，帮对方摆脱尴尬境地，这样在避免直面冲突的前提下，你还可以得体地处理各种棘手情况，达到自己的沟通目的。

第七章

扩大影响力:
提升贡献度和价值感

提升职场曝光率，
在团队中脱颖而出

同样是每日在职场中忙忙碌碌，有的人辛苦工作，却始终不能得到重用和晋升，而有的人事业发展却顺风顺水，好机会接踵而至。

到底是命运使然？还是能力不同？又或者是因为某种职场"潜规则"？

也许都有可能。

但我想跟你说的是，与其责怪和抱怨我们根本无力、也无法掌控的事务，还不如将努力用在对的方向和着力点上。

比如认真思考如何才能在公司和团队中提高曝光率，积累影响力？如何让自己的贡献和价值被看到、被认可，从而获得更好的发展机会？

这一节，我就跟你分享在团队中脱颖而出，提高个人曝光率的 10 个方法，要点如下：

• 具备较强的专业知识和能力；

• 输出优质的工作成果；

• 维持良好的人脉资源；

• 正视错误，及时补救；

- 优雅夸赞上司，拉近距离；
- 帮助身边同事，增加好感；
- 协助新领导融入和熟悉环境；
- 主动补位，敢于担当；
- 洞察领导的性格和意图；
- 调动资源，推进工作。

一、具备较强的专业知识和能力

在一个团队中，要注重学习和拓展与职务相关的专业知识，锻炼和提高业务能力，这相当于让你"吃饭的家伙"越来越有价值，提升自己在这个专业领域的地位和不可替代性。

尤其在遇到较为复杂和具备一定挑战性的任务时，如果领导能在第一时间就想到必须由你来负责，交给你办才放心，那么你在他心目中的业务水平，就是要比其他下属高出一截，使得他能发掘到你身上的亮点，看到你的与众不同，对你留下比较深刻的好印象。

如何让自己具有较强的专业能力？**获得资质，得到专业认可是一个很重要的途径。**

比如，对于财务岗位来说，如果你通过并拥有CPA（注册会计师），ACCA（国际注册会计师），CFA（特许金融分析师）这些资格证书，就能证明你已经具备很强的财务专业水平，得到了专业认可。同时，也能说明你具备优秀的学习能力。

在这一点上，跟那些没有以上资质的同事相比，你会更有优势，从而引起领导关注。

所以，我建议你多去留意自己所在的业务领域，是否有公认的、含金量较高的资质可以考取。

另外，如果能将学历向上迈一个台阶，也是能够证明自己专业水平上较为优秀的一个途径。我经常鼓励学员在这方面要早做规划，不要懈怠和原地踏步，无论是考资格证书，考本专业的硕士，还是考取MBA（工商管理硕士）、MPA（公共管理硕士）等，都值得去尝试和努力。

如果别人没有这方面的背书，而你有，这就是一个优势；但如果别人有，而你却没有，这显然将是你身上的一个短板，甚至有可能会在职业发展的某个时刻成为你向上走的绊脚石，一定要尽早移除。

二、输出优质的工作成果

想在工作成果上有突出表现，就要在效率、质量和做事标准这几方面下功夫。比如在同一时间段中，别人只能处理好一件事情，你却能又快又好地同时完成两件以上的事情。

做到这些，就能在无意间显示出你的工作效率和质量高于其他人。如何做到这一点呢？以下办法供你参考：

- 深入理解领导安排的工作，明确该项任务的目标和期望；
- 有明确的工作计划，将每一项子任务分解成小目标；
- 提高做事标准，有较高的自我要求；
- 持续检查工作进度，并积极往前推进；
- 定期向领导汇报进展，征求上司的建议；
- 熟练掌握工具和软件，避免重复的机械性工作。

因为有了以上较好的工作习惯和工作流程，在任务的执行过程中，你就会比较得心应手，不会发生南辕北辙的情况，更不会被要求返工重做，而能保证按照要求输出优质的工作成果。

有一点需要提醒的是，如果做事情过于循规蹈矩，按部就班，每次的工作业绩都刚好及格，达到标准，那么你在团队中的表现也只能算是中游，无法出类拔萃。

所以，每次动手工作前，问问自己：做这件事，如果想要达到60分，应该做成什么样？想要达到80分，需要做成什么样？100分，甚至120分，又需要做成什么样？

然后根据自己现在的能力水平，尽量去完成一些挑战性的目标，超出领导的预期，经常给领导惊喜，这样才能增加自己在领导心目中的分量。

三、维持良好的人脉资源

不要以为平时只要跟本部门的同事熟悉就够了，这种想法还是比较简单，也比较狭隘的。

在工作的过程中，你不仅需要跟所在部门的成员打交道，更需要跟其他部门的同事合作，不是你支持他们，就是需要他们的协助，因此不能无视这些人际交往的必要性。

有了这个意识，平时就要注重维护这方面的人脉，比如通过这些途径：

- 通过坐班车，在食堂吃饭等场合结识同事；
- 参加公司培训、活动时，主动认识其他部门同事；
- 在跨部门项目中，认识并深化跟各成员的关系；
- 请领导或部门同事介绍跟你工作有关的其他部门同事；

- 午餐时，相约其他部门同事一起吃饭……

平时的这些交往和联络，非常有利于你在日常点滴中深化和同事的感情维系。那么当部门领导需要你承担某项任务的时候，你就可以马上调动相关资源，跟这些同事多了解背景信息，获取他们的建议，以及得到更快、更好的支持和协助。

四、正视错误，及时补救

著名的特里法则指出："正视错误的人，将得到错误以外的东西。"

当工作发生失误或者错误的时候，想要逃避、推诿、甩锅或者试图掩盖，都是非常不明智的做法。

有一个私教学员找我做辅导，说因为自己的某个失误影响了项目，在向领导汇报工作的时候，谈及了此事，并给出改善建议，但并没有第一时间承认自己的错误。

反而是领导在听到一半的时候，询问该项目出现问题的原因是什么？学员此时才说出实情，是因为自己的原因。领导对此很是不满，说她在逃避责任。学员感到很委屈，找我咨询该如何弥补。

其实，这里面最关键的问题，就是这位学员没有在犯错后的最短时间内主动承担错误。即使她在跟领导的汇报中也重点提及了如何弥补错误，但却因为没有坦承失误，而让领导误以为她在逃避，遭到批评。

弥补错误固然重要，但能在第一时间主动担责，才体现出你具有担当意识，这种态度是领导更为看重的。

同时在承担错误的同时，你要准备和提交一份详细的事故原因分析和补救计划，将损失降到最低，避免下次再犯同样的错误。这才是在自己犯错的时候，既能给上司安全感，又能顺带提升自己的最好办法。

五、优雅夸赞上司，拉近距离

领导其实也有着普通人的情绪和情感需要，所以面对他人真诚而恰当的赞美时，他们也是会欣然接受的。

作为下属的你如果了解到了这一点，平时就可以在跟上司的聊天互动中给予对方一些真诚的赞美。比如在电梯、茶水间、会议室或用餐期间，如果有领导在场，都是最便利的拉近你们彼此距离的场景。

这时你要对聊天的话题和素材进行选择，如果话说不到点子上，无法引起上司的兴趣，反而事与愿违；而恰当又令人舒服的小小赞赏，往往会起到事半功倍的作用。

比如，感谢领导上一次对你工作上的指导，你取得了哪些小进展，你的工作获得了其他部门的肯定……聊聊对方在工作之外的兴趣点也是不错的话题，当然这要看你对上司兴趣的了解程度。

针对女上司的话题，还可以增加夸赞对方的气色妆容、服饰搭配、发型**变化等内容**，比如说："林总，您今天的口红颜色显得肤色和气质特别好，是上周您说的那款迪奥口红吧？"以此类推。

不少人并不懂得平时就要在小细节上跟领导培养感情的道理，他们跟领导关系非常疏远，仅限于在工作汇报的时候才跟领导说上几句话，平时也会刻意躲着领导走，即使在什么地方偶遇到，自己也很尴尬，不知道主动说什么。

其实这样的表现，都在无形中将领导推得越来越远，何谈加强情感联系？更谈不上对你留下好印象。

六、帮助身边同事，增加好感

当部门的同事遇到困难一筹莫展，或者工作出错被领导批评的时候，总有些人会在一旁冷眼旁观、看笑话或者说风凉话；但有些人却不是这样，他们在没有耽误本职工作的前提下，不仅没有袖手旁观，反而主动上前询问并帮对方想办法，提供建议，帮助同事解决问题，脱离困境。

这就相当于在别人"有难"的关键时刻，你能主动伸出援手，帮助对方化解危机，这样就会得到别人的好感和认同，他会因此记得你的好，非常感激你。

以后一有机会，他就可能在其他同事或者领导面前赞扬你的为人和曾经对他的帮助，表达对你的感谢，这些都会在无形中为你的人品加分，你的利他精神也会给上司留下不错的印象。

七、协助新领导融入和熟悉环境

部门来了新领导时，大部分人都只是按照公司的安排，被动向领导汇报自己的工作，其余时间就是躲在一旁，刻意跟新领导保持距离。有的人说不定心里还在嘀咕，不知道新领导能不能过试用期，没必要花精力去讨好逢迎。

其实换位思考想一下，新领导也是新员工，他刚加入公司会有诸多不适应的地方，对新东家的人和事不熟悉，也想尽快融入新集体。

这个时候新领导对部门下属并不了解，也没有成见，对每个人的第一印象都是一样的，此时反而是你跟新领导建立关系的最佳时机。

你要抓住这个机会，抱着开放的态度，不排斥，不抵触，积极欢迎，主动问新领导自己可以提供哪些帮助和协助，他想要了解公司哪方面的人和事，帮助新领导尽快熟悉部门、团队、业务和人员。

领导在初入公司，人地两生之际，能得到你热心和无私的帮助，会心怀感激，有助于你们之间信任感的建立，而你也在第一时间就占据了领导注意力的制高点。

八、主动补位，敢于担当

在实际工作中，经常会有新事物、新情况、新任务临时出现，尤其当有些任务没有明确的分工时，大部分人会选择视而不见，事不关己；但有些人则挺身而出，主动补位。这种情况下，谁的曝光率更高，更能获得领导的赏识这件事就显而易见了。

在关键时刻，及时补位或主动补位不仅是一种意识，更是一种能力。 那些对自身业务技能充满自信的人，更有资格做这种选择，在关键时候补位，树立有能力、敢担当的形象，为未来的进阶打下坚实基础。

所以，当领导接到上级临时分配的任务，问团队谁愿意负责的时候，你千万不要躲起来，如果自己足以应付并且能帮领导分担，就一定要向领导表态，勇于承担。

这不仅增加了你跟领导就该项任务沟通的机会，也在领导心目中留下了积极主动的印象，你自己也在完成工作的过程中获得了锻炼和提高。

九、洞察领导的性格和意图

不少优秀的专项人才之所以职场发展不顺，就是因为不懂领导的性格特征和管理风格，他们无法理解领导的意图，做了很多上司认为不重要或者不在意的事情，这样的努力注定是徒劳的。

充分了解和研究领导的特质，就好像老师教育学生时要"因材施教"一样，你也必须对领导采取有针对性的沟通方式和技巧。如果不断使用上司不喜欢的沟通方式，你的提议就不容易被采纳，他也很难理解你要表达的意思。

上司没有理由也没有义务来适应你。如果想和上司和睦相处，顺利地开展工作，你就必须改变自己的处事方式，多去了解他们的喜好，适应上司的风格。在他们心情愉悦的情况下进行沟通，效果是最好的。

领导有什么风格呢？比如：

- 喜欢口头沟通还是书面沟通？
- 人际关系导向，还是完成任务导向？
- 是关注过程的细节，还是持结果导向，不过问细节？
- 习惯于慢慢思考，还是快速做决策？
- 对新想法、新方法是开放吸收，还是比较传统，偏向保守？

同时，要学会站在领导或公司的高度思考，这样就会想得比较全面，格局也大。如何学会这一点呢？平时要多观察和留意领导的发言，比如：

- 工作上他比较在意什么东西？
- 开会的时候，领导一般喜欢问哪些问题？
- 他批评一个同事的时候，一般是针对哪些方面？
- 他表扬一个同事的时候，通常又是为什么？

只有学会从领导的角度思考，你才知道他们真正关心什么，也才知道自己应该重点突出什么。

只有对你的领导做到充分了解，你才能调整好自己的策略，从而更好地适应领导的风格，达到自己完成任务和高效沟通的目的。

做到这些后，领导会觉得跟其他团队成员比起来，跟你沟通特别顺畅，你最懂他，当然会对你另眼相待。

十、调动资源，推进工作

你能独自一人完成本职工作，虽然完成了，但难度并不大，在领导眼里，你的价值和贡献度也不大。

有难度的是，当一个项目不只需要你，还需要更多的人参与其中的时候，你还能不能推动项目往前走？

就算项目最后完成了，你是得心应手，轻松地完成，得到所有成员的感谢和钦佩？还是身上像是蜕了一层皮，身体累，心里累，把大家都得罪光了，自己心里也囔着下次再也不干了？

在职场上越是想往上进阶的人，越要重视跟多人合作推动事情，而不是仅靠着一个人单打独斗。

这样的情形，你是不是也经常遇到？

例子1：你请生产部同事统计一组产品数据，他答应帮你，一周后你打电话询问进度，对方说在等另一个同事的回复，有了这个数据，他才能做这部分统计，又过了一周，等你再次询问时，发现事情没有任何进展；

例子2：你是行政部负责人，今年公司的年会，领导指派你负责组织和协调。你跟各个部门的对接人都开过会了，请他们一周后把各自的节目报上来。过了一周后，大家却没什么动静，你发现没有一个人给你反馈。

这些事情无法往下推动，都是因为卡在了某个同事，或者某个部门身上。那么到底是这些同事不配合？还是自己没有主动推进，工作的方式或方法有问题呢？

相信很多人会归咎于前者，说别人不敬业：又不是我不想做事情，是他们不配合，不合作，我也没有办法。

但真实情况是，如果不是你，而是换成另一个有主动意识、有驱动力的同事去做这件事，事情就不会卡在原地，而会往前推进。这类人总能轻松地推着人和事朝前发展，体现出担任管理者的潜质，而这类人往往也是最为领导喜欢的员工类型。

那么如何培养自己调动资源，推进工作和驱动他人的能力呢？你可以尝试如下3个技巧，并在工作中马上用起来：

1. 建立微信群，及时跟进

微信是目前沟通比较便捷的工具，组建一个微信群，将跟本次任务相关的人员都邀请进群。这样大家就无法逃避自己在这个任务中的责任，不仅能随时看到任务的进展，也责无旁贷地要去负责起自己的那一部分工作。

比如，在上面的例子1中，你可以把几位相关的同事拉进群，把你的期望和理由通过文字描述出来，发到群里，以便于每个人都可以看到。

当你需要跟其中某一位对接一些细节时，其他人也能看到，这样随时都能保持信息同步，彼此想进一步沟通时不用铺垫，直接进入主题。

例子2中，你可以在跟各部门开完会后，立刻面对面建立微信群，然后做一个"××部门节目申报模板"，发到群里并公布截止时间，让大家按时将反馈提交到群里。

要记得，对于比较重要的事情，你要邀请你们共同的领导进群，当领导也在同一个群里的时候，大家一般都比较重视，不会故意拖延。

私下里要跟关系不错的同事先打招呼，请他带头先提交。看到群里有人反馈后，其他人也会紧张起来，陆续提交。

其实，群里每次有人提交的时候，对于那些仍未提交人的来说，都是一次重要的提醒，也就会尽快完成，使得你的工作效率也大为提高。

2. 复杂信息，使用模版

工作中如果需要别人给你提供较多和较复杂的信息时，你可以使用模板进行收集。

比如你向销售人员收集本月某款新产品的销售情况，包括销售目标、实际销售数量、金额、客户信息、客户使用感受等信息，就可以做一个 Excel 表格模版，请大家按模版填写即可。

使用 Excel 表格，或者 PPT 作为模版都是可以的。如果你是团队负责人，模版就可以用于监督下属的工作情况：周计划、周总结、每月复盘，或者绩效等。

根据你想要了解的维度去设置模版，这样每个人做什么，进度如何，有没有问题，你将会一目了然。

3. 引导讨论，推行自己的提议

鼓励参与该任务或项目的每一位成员都发表观点，这个时候，你可以见机行事，引导大家往自己希望达成目标的方向讨论。

但如果在一开始就要求大家接受你的提议，别人的心里多少会有些抵触，毕竟谁都不希望没有选择，被迫接受某个决定。所以，最好通过头脑风暴的形式，让大家积极参与讨论。

在你的引导下，如果最终得出来的结论或者提出的解决方案正是你所希望的，你也不用多说什么，因为大家会认为这个方案是他们自己提出来的，就是大家自己的事情，后续会更有动力支持和执行。

学会并灵活应用以上方法，你在推动工作和项目的进展上就会比别人更加顺利、高效、有结果，自然会在团队中脱颖而出。

综上，工作不单单是为了养家糊口，倘若你整天麻木地工作，无奈地加班，做着没有挑战性、无须动脑筋的工作，以为生活不过如此，那么你在团队中也将变得无足轻重，在他人眼中变成可有可无的人。

而这，是你想要的人生吗？

其实，人都是有无限潜力和发展可能性的，但前提是你愿意去接受挑战。

所谓机会和挑战并存，主动承担复杂性高，有压力的工作，能促使人不断学习和进步，当你展示了好的工作成绩，也会得到更多的尊重和关注。

勇于接受团队挑战，这是提高自我素养和能力的重要开端，灵活运用本节介绍的 10 个方法逐渐扩大自己在团队中的影响力和曝光率，才能让自己脱颖而出，收获不一样的职场前途。

向上管理这样做，
迅速获取领导信任

所谓"向上管理"，是指下属通过有效的方法、合理的方式和高质量的沟通，与领导建立一种良好的关系，使工作顺利开展，并获得领导认可。

做好向上管理，首先要了解领导的性格特征和管理风格，比如他是外向的，还是内向的？他是结果导向，还是注重过程管理？他是雷厉风行、做事果断，还是心思缜密、慢条斯理？他更喜欢数据、案例、事实等细节，还是不过问细节，只问结论……

接着，你要根据以上的观察和发现，调整自己的沟通方式，以便更好地适应领导的风格，跟领导展开更为高效的合作。比如，如果你的领导比较强势，属于注重结果导向，那么你在汇报工作的时候，就要直接给出结论和方案，而不要过于啰唆，陈述大量细节。

在此基础上，想要让你的工作成果获得领导更高程度的认可，获得更多的赏识和信任，你还需要更深层地了解领导的内心世界。比如在工作上他在意什么？他到底关心什么？他的优先级是什么？

同时，在跟领导沟通的艰难场景中，应该采取什么样的应对策略，才能避免跟领导发生冲突，与领导和谐相处，顺利解决问题，甚至赢得领导的好感。

本节将聚焦于如下两个方面，帮你提高向上管理的能力，要点如下：

- 领导关心哪些重要问题？
- 艰难场景下的应对策略。

一、领导关心哪些重要问题

站在领导的角度考虑问题，就必须搞清楚领导最关注什么，关心哪些问题，这样你才能真正站在他的视角去看待人、事、物，给出符合领导期望的解决方案。

领导通常会关心如下重要问题：

- 在你的这份报告或者你的这次演讲中，你最想表达什么？核心观点是什么？是否有什么有力的数据或事实能支撑你的观点或结论？
- 做这项工作，要实现的最终目标是什么？能给部门或公司带来多大的益处？
- 这个项目需要花多长时间才能完成？大致的预算和费用是多少？具体的行动计划是什么？
- 针对这个项目，如何才能做到花费最少的投入，获得最大的产出？
- 该项目面临的潜在风险或障碍有哪些？如何能将风险降到最低？备选方案有哪些？
- 在这个项目上，你需要领导做什么？你需要公司提供哪些资源和支持？
- 对于你呈现的目前面临的问题和困难，你的想法和解决方案是什么？

针对自己负责的每一个工作或项目，如果你能认真思考以上这些问题，基本上就能做到跟领导的思考方式同频，这会让你开展工作的时候更加有的放矢，真正帮助领导解决问题。

我曾经有过一个比较直接和强势的老板 Mike，下属向他做报告的时候，每次当他觉得冗长、啰唆，自己失去耐心时，就会掷地有声地问一句："What's your point？"（你的观点是什么？）

这个问题一旦抛出，就表示 Mike 对下属的汇报已经很不满意，很不耐烦了。他最受不了那些展示了无数事例、数据、文字和图片，却不知道要表达什么观点的报告，因为那分明是在浪费自己宝贵的时间。

所以，在向领导汇报工作的时候，我建议你根据上述问题认真思考和准备，并架构和设计你的报告内容，多花时间琢磨领导思考的角度和关心的问题，锻炼自己在一定的高度和格局上进行思考。

另外，级别越高的领导，他的思维层次越高，那么你在工作报告中就要更多地体现出在战略方面和未来发展趋势方面的思考和看法。

除此之外，我还建议你留意以下三方面并实践：

- **关键任务，做到第一**

留意在部门最近执行的项目中，其中哪些成果和数据是领导比较关注的，要想办法让自己的工作在这项数据成果的维度上做到部门第一。汇报工作的时候，如果领导每次都能看到你在这方面是第一名，他能记不住你吗？

比如作为销售人员，领导最近非常关注新产品的利润情况，你就要格外留意在谈客户、拿项目的过程中，把工作重心多放在提升销售利润，尤其是新推广产品的利润上。

- 重视大领导交代的任务

如果比你高两级以上的领导（以下简称大领导）给你交代了重要任务，你要全力以赴，宁愿加班和熬夜都要认真做好，呈现出最高的工作质量。

你与这个级别的大领导合作和对接的工作机会本来就不多，一年可能才一、两次，所以要抓住机会，在高层领导面前展现出自己最好的工作态度和能力，格外珍惜这种千载难逢的机遇。

通过高质量完成该任务，得到大领导的赞赏。这种好印象一旦形成了，会在大领导心目中留存很长一段时间，并且有合适机会时他也会在你的直属领导面前积极评价你的工作。

所以，一旦遇到这样的好机会，千万不要敷衍对待，一定要拼尽全力，完美呈现自己。

- 培养写作输出能力

很多人对写作有个误解，以为只有长篇大论或者专业领域才需要一个人具备写作能力，其实不然。

职场上我们几乎每天都需要写作，比如发邮件、发微信，写报告、做总结等，你写出来的文字不仅能反映出你的文字功底，更重要的是它还是你跟他人交流的重要工具，**它能充分体现你做事情的思路和条理是否清晰，能否抓住工作重点。领导会通过这一点来判断你是否能胜任更重要的工作。**

尤其是发邮件给领导甚至大领导阐述项目进展、反馈问题、提出方案时，你一定要好好厘清这封邮件的写作逻辑并斟酌措辞用语，要既能简明扼要将事情描述清楚，又能得体地展示出自己的工作成绩。

有些人不重视邮件的书写内容，写完后不认真检查就发出去，事后才发现逻辑不通，内容有错误，这样就白白错过了一次展示自己的机会，甚至起到负面作用，让领导给你贴上做事不认真、不细心的标签，因此千万不要随便对待。

二、艰难场景下的应对策略

当领导对你的工作结果表示质疑和不满意，或是经常变动他的要求，让你无所适从，亦或一直对你的诉求置之不理时，你是不是会感觉无奈又委屈？感到没有被认可、被尊重？

那么，在这些情形下，到底该怎么做才能既不得罪领导，又能顺利解决问题呢？

你之所以觉得棘手或者无奈，原因并不是你的工作能力不行，而是因为在跟领导沟通的艰难情景下，你缺少有效的方法，不懂正确的应对策略。

下面，我就针对三种情形，逐一帮你分析并给出应对方法，不仅不会得罪领导，反而会获得领导的信任，为未来的进阶打下基础。

（一）领导对你的工作结果不满意

当你尽力完成某项工作或任务后，领导看后却对结果很不满意，认为你"能力不行"，这种情况如何处理？

在给出应对策略之前，你需要先思考一下，出现这个问题的根源是什么？

根源就是你和领导两个人对结果的衡量标准没有统一的尺度，导致你认为工作结果合格，但领导却认为不合格。

领导布置任务后，很多人就直接开始动手去做，但其实忽略了很重要的一个步骤，就是要跟领导确认期望、需求、时间、结果是什么。不仅需要得到主观的描述，更要有量化的标准。

举个简单的例子，如果领导给你布置的任务是"节省管理费用，越少越好"。一个月后你跟领导汇报，告诉他节省了20万费用，领导却说："怎么才20万？我希望比上个月多节省20%。"

经过计算，上个月管理费用200万，如果要节省20%，那么就是40万。跟40万相比，20万当然是远远不够的，因此领导自然会认为你没有完成他心目中的目标。

显然，你和领导对同一件事的结果是否合格，在理解上并不一致，存在着"理解偏差"。

正确的做法是，当最初你听到"越少越好"的时候，一定要跟领导确认节省费用的具体数目，或者节省的百分比。这样你才知道自己要如何努力，从什么地方入手，具体的目标在哪里。

否则，如果因为理解上不一致，没有明确衡量结果的标准，导致你被领导认为能力不行，久而久之打上一个这样的标签，积累下来就会对你的职场表现带来负面影响。

你不要认为是领导没跟你说清楚标准，导致做出来的结果不合格。工作是你做的，所以你要为结果负责。为了避免这种局面的发生，当你觉得领导没说清楚标准的时候，要积极主动地澄清问题，或者说结构化地澄清问题。

当领导向你传达和布置任务时，不管他有没有说一些具体的内容和要求，你都要做到心里有数，明白自己需要什么重要信息，主动向领导询问或确认，提问细节，并复述一下你听到的内容。

这里分享一个应对策略：运用PDD询问模版帮你结构化思考。

PDD 是三个英文单词的首字母，具体含义如下：

- P—Purpose：完成这项任务的目的是什么？
- D—Deliverables：该项任务的输出结果是什么，有什么衡量标准（或者说交付物是什么）？
- D—Deadline：什么时候完成这项任务？

举个例子加以说明：领导请你周五以前完成一份分析报告。于是你运用 PDD 模版进一步确认和澄清这项任务。

P—Purpose：你要明白领导为什么要去做这件事情？

如果目的不同，这份分析报告的使用者、叙述的角度、重点、素材、案例等就会不同。

该报告的目的是为了解决某个问题？展示某项目进度？提出某个建议？或者其他目的？根据目的不同，最终生成的报告肯定也是不一样的。

D—Deliverables：确认领导最终希望这个报告呈现出的类型和风格，要包含哪些关键数据等。

D—Deadline：领导希望什么时候必须拿到这份报告？也就是截止日期是什么时候。

根据上文领导交代给你的任务描述，唯一清楚的就是要求本周五提交，满足了 Deadline（截止日期），对于 Purpose（目的）和 Deliverables（交付物）的描述还是不清晰的，需要你像上文中那样主动询问和深入理解。

经过这样的提问，你就能从领导那里获得很多必要的信息，帮助你明确工作方向，提升工作质量。

掌握这三个重点，你做事的方向基本上就不会跑偏。

要补充一点，PDD这个模版是你在接受领导安排任务时的思维框架，它并不是要求你生硬机械地逐条去"拷问"领导，如果领导有些信息当时没有说清楚或者有遗漏，建议运用一定的沟通技巧委婉地跟他确认相关内容。但你不能因为领导当时没有把每一项都讲清楚，就给自己找了一个不去做的理由，即：由于领导没说清，所以我可以不去做。

现实是，如果你真的以此为由没有去开始或者完成该项任务，那么等待你的结果一定是被痛批一顿。

要知道，**这个模版的价值在于帮助你去检查对于领导交代的这项任务，自己是不是已经得到了足够的信息。**

一方面，你可以先主动按照PDD模版思考该任务的大致情况，然后给出不同方案请领导做选择题，让他从你提供的选项中做决策；

另一方面，你要学会透过领导语言表面上的意思，揣摩他真正的意图，这还要依赖于你对领导性格、风格等方面的熟悉程度，不至于领导交代完任务，你却茫然无知，或者闷头就开始干，这都容易导致领导最终对你的工作结果不满意。

（二）领导的想法经常改变或不靠谱

职场上什么样类型的领导你都可能会遇到，这是一个不需要回避的问题。其中有一些领导的特点是一天到晚总是变换思路，或者经常突发一些新奇的想法或离谱的建议，而你作为技术专家或专业内行却觉得这些建议并不太现实，不靠谱。

相信不少人曾面临过这种情形，这个时候到底是该直接反驳，默不作声，还是装作同意呢？为此你感到难以抉择，不知所措。

这里分享一个应对策略：**赞同 + 附加条件**。下面就逐一进行解释。

1. 赞同

无论你是否同意领导的观点或建议，都不要对他轻易说"不"。在领导提到的这些想法中，你总能找到一些他说得有道理的地方，这时你可以先表示认同，注意态度上要诚恳积极。

我们要培养一种心态，就是即使自己在专业领域的某些地方比领导强，也不要轻视、看不起领导，他能晋升到今天这个位置，必然有他的过人之处。

人和人之间有不同的想法很正常。领导因为所站的高度跟你不同，所以看待问题的视角会跟你有所差异，这非常正常。

比如领导做出的判断，或者给出的新想法和建议，可能是根据所在行业的变化趋势，预见到的风口和商机，以及其他信息来源，而这些信息你不一定能了解到。

同时，如果对于领导提到的这些新想法，你经常持反对意见，不由自主地抗拒抵触，长此以往，领导就会给你贴上"保守、固执"的标签。他会质疑你不喜欢拥抱新事物、新变化，没有意愿或能力去做挑战性工作，赶不上行业和市场的最新变化等。

2. 附加条件

如果你是技术专家或者在特定领域专业能力很强，当领导提出某些新想法、新建议的时候，你认为不太现实，或者实施起来会有困难，但一定不要直接反驳，你可以换个说法，用"附加条件"替换"可能遇到的困难"，这样会让人更容易接受一些。

比如这样说："领导，如果要实现您提到的这些想法，需要一些附加条件，您看要不要听一听呢？"

注意上面的说法里谈到的是"附加条件",并不是谈"会遇到什么困难"。

"附加条件"这样的说法,说明你能提前考虑到实际执行中会遇到的一些障碍或困难,这就会让别人觉得你考虑问题比较全面,有远见。

但如果你不用这样的说法,而直接就说这件事我没办法做到,或者做这件事困难非常大等类似的回复,那么不管你的理由有多充足,在领导眼里,他都会认为你不配合、不积极。

当你运用"赞同＋附加条件"这个应对策略时,领导对此通常可能会做出两种反应:

(1)第一种反应:领导觉得你讲得有道理,认同你的看法。于是可能这样回复你:

"嗯,你说的也有道理,那件事先放一放,咱们还是把资源用于另一个项目上吧。"

(2)第二种反应:领导听后还是坚持自己的想法,对于你列出的附加条件中所展示的困难,他认为是可以克服的。

在这种情形下,领导之所以仍然坚持自己的想法,大致因为如下三个原因:

原因一:领导确实认为困难可以克服。

如果是这个原因,那么你就不要再继续坚持,因为最终你也必须要去做这件事,所以不如就顺从领导的意思,争取从他那里要到资源和支持,并立刻锁定这个资源,便于后续顺利启动。

原因二:领导"好面子"的性格使然。

这样的领导很好面子,如果因为你的劝告而放弃了自己当初的想法,他会觉得自己很丢面子,所以宁可"打肿脸充胖子",一意孤行,也不低头。

原因三：你个人沟通方式有问题。

比如你说话和沟通的方式不到位，令人听起来不舒服，很令人反感；或者领导和你平时就有点芥蒂，所以你提的任何建议，他都听不进去，不想采纳。

如果你用"附加条件"的方法，站在专业的角度所提出的建议并不被领导采纳，那么你可以对照以上三个原因综合分析一下，做出一个客观的判断。

（三）需要领导确认事情，他经常拖着不处理

在工作或项目的执行过程中，你需要领导确认、回复、支持或者审批某件事，但领导就是拖着一直不处理，而你因为要往前推进工作，就一再地催促领导，催的次数多了，领导为此就会很不耐烦。

然而问题却一直卡在那里，就是催不动领导。你担心工作延误，最终背锅的还是你，实在无计可施，心中充满焦虑不安。

这其实也是一个比较常见的艰难场景。该如何妥善处理呢？

请你先思考一下，如果换作是你，同事总是催你做某项工作，什么情况下你才能被说服呢？

是的，当一件事很重要 + 不难做，这个时候你做事情的意愿会显著提高，领导也是如此，什么意思呢？

- 很重要：你要向领导说明这件事情对他来说特别重要，意味着重要性等级很高；

- 不难做：你要告诉领导这件事情占用不了他多少时间，意味着他做起来的难度不大。

相信对于大多数人来说，面对一件很重要，做起来难度又不大的工作，都不会拒绝。

那么，应当如何操作具体步骤，才能让领导动起来呢？

第一步：说原因。

你要向领导说明为什么这件事非做不可？为什么需要往前推动？为了增加说服力，你可以摆事实，讲道理。

第二步：给方案。

领导明白了这件事的重要性之后，你要提供至少两个解决方案或者建议，让领导做决策采用哪一种。

第三步：做什么。

当领导采纳了一种方案或建议后，你要写出在这种情况下，你需要领导做什么具体工作？一定要表明工作量不大，也不会占用他太多的时间。

经过这样的一个说服过程，当领导发觉对他来说这件事做起来很容易，对部门也很有价值的时候，他自然就会顺手一做，不用你再不停地催促。

之前他之所以一直没动，其实也是有很多顾虑的，比如他不知道这件事到底有没有价值？做这件事是不是需要花费他太多时间？这件事是不是做起来很麻烦？而你因为此前一直都没有跟他做详细的澄清和解释，他当然就会觉得"多一事不如少一事"，没有搭理你了。

所以，问题不在领导身上，而在你身上。

综上，职场之路要想一帆风顺，进入发展快车道，做好"向上管理"，

熟练掌握跟领导沟通和相处的应对策略,是重中之重。

因为领导直接负责下属的提拔和栽培,如果得不到他的认可和信任,就算你再"努力",意义也不大,价值微乎其微。

因为你所谓的"努力"在领导眼里,可能根本就不重要,或者说就一直没有在对的方向上,反而是你的努力越多,出错就越多,就越是南辕北辙。

当你看懂了领导的个人性格、沟通风格,也深刻了解了他们的关注点在哪里,同时又能得体应对艰难的沟通场景,帮领导解决难题,那么你在"向上管理"这条路上就一往无前了。

掌握10个技巧，
充分展示领导潜力

拿破仑说："不想当将军的士兵，不是好士兵"，虽然职场上有些人的确没有太大追求，甘于在基层岗位上工作，但绝大部分人还是有着比较美好的愿望，想要升职加薪，成为管理者，得到更多人的认可。

但现实是并非所有人都能有机会晋升为管理层。从上司的角度来看，想要提拔一个下属，必然是因为觉得这个人有发展和培养潜力，有一定的领导才能，是可用之才。

同在一个团队，领导心中有一杆秤，随时对员工的能力、水平做评估，如果你的领导潜质展示出来了，在他心目中就会加分。

当他认为你比其他人更有潜力，更值得培养的时候，未来就更有意愿，有可能提拔和重用你；相反，如果你没展现出来领导力，在团队中可有可无，这当然就无法得到上司的青睐，晋升的时候也不会考虑到你。

如何能恰当地展示自己的领导力？这一节将分享10个技巧，要点如下：

- 善于把控情绪，不情绪化；
- 随时掌握公司的宏观信息；
- 争取小的管理机会；
- 主动为部门提供服务；
- 来自同事、客户的夸赞；
- 坚持目标和结果导向；
- 果断做决定，主导行动；
- 善于跨部门合作和协调；
- 积极发言，善于总结；
- 大局观，工作思路清晰。

一、善于把控情绪，不情绪化

上司在考核是否提拔某个下属时，会有一个基本的考量，就是**这个人在为人处事方面是否成熟，是否情绪化**。

所以，当你因为工作上的问题跟领导或同事意见相左，或者有潜在冲突时，一定要管理好情绪。个人情绪爆发，甚至跟对方发生冲突，闹得撕破脸，大打出手等这样的做法都会给人留下极不成熟的负面印象。

有个读者 James 曾给我留言，说某个周末领导打电话找他有事，但始终没有联系上他。原来，每到周末休息时，James 就会把手机设置静音，因此没有及时接到电话。

后来他看到领导的未接来电，回拨过去时，领导的语气显然非常不满，直接批评了 James。

James 觉得很委屈，冲动之下说了几句顶撞领导的话，结果可想而知。第二天上班领导也没给James好脸色看。James有点后悔，请教我该怎么办。

我建议他放低姿态，向领导真诚道歉。James却反问："难道领导都是对的吗？"这让我很无语。

我们先不管James的领导如何，只从James的角度来思考，即使你跟领导对某件事的看法不一致，观点不相同，也不能任由情绪发泄。

当一个人没办法控制自己的情绪，甚至在言语上顶撞领导时，就算他的业务能力再强，也是不成熟的体现，无法得到领导的赏识，根本不可能对其委以重任。

不仅跟领导不能闹情绪，就是跟平级同事之间因为言语、观点不合，或者产生误会和隔阂时，也要记得把控好情绪，用平和的语气与对方沟通和解释。

这个时候，谁先爆发，谁就输了。就算你说的话，做的事情有道理，被领导看到你甩脸子或者争吵，在领导心中的印象也会大打折扣。他会认为你修养不够，成熟度不够，判定你并不值得托付重任和对你在未来进行提拔。

二、随时掌握公司的宏观信息

公司的宏观信息，如战略方向、业务趋势等一般都会公开发布在公司内网、通知栏、年会、员工大会等场合。很多人对此类信息并不留意，觉得跟自己没什么关系，所以懒得记录，更懒得记住，这其实就是缺乏对宏观信息的敏感度。

反过来说，如果你对此更留心，掌握更多内容，日后一旦到了需要运用这些信息的时候，在一群人里只有你知道，你能回答上来，那大家自然就唯你马首是瞻了。

比如在开部门会议时，领导问："咱们公司最新的战略方向是什么？"大家都面面相觑，有人回忆说好像前几天公司发过邮件，于是就开始手忙脚乱地翻看过往邮件。

此时你不慌不忙地把那封邮件重新转发给在座各位，而且能自信而准确地复述出来，边讲边加入自己的理解，如新战略的实施对公司业务的影响是什么，对你们本部门的影响等。你想想，你此时的所作所为是不是能让领导觉得你非常用心呢？

所以，不要总以为公司战略、发展方向、业务重点这些东西听起来假大空，跟你距离太过遥远，其实不然。

职场上，如果你打算继续往上一层进阶，就更需要关注这些内容，这样不仅保证你能跟上公司的脚步和方向，听得懂领导们的思路，跟他们有共同语言，也能保证你负责的业务模块不会偏离轨道。

所以，**想被提拔成为领导者，进入公司管理层，能随时把握公司最新发展战略和方向是一项必须具备的基本功。**

三、争取小的管理机会

想让领导看到你有领导潜质，并不是靠喊口号或者自吹自擂，你必须能在完成事情或任务的过程中体现出你的领导能力。

也许你会有点疑惑："我还没成为主管，没有机会去体现我有领导能力呀？如果把我放到那个位置，我就知道怎么做领导了！"

话虽然这么说，但事实上并非如此。

所有被第一次提拔为主管或领导的人，在此之前，他们的职位和级别也是普通员工。但是因为在日常工作中，他们抓住了一切能锻炼和体现才干的机会，才让领导有机会得以看到，并给予认可。

以下这些场景或机会，你就可以主动争取：

- 给新入职员工做培训、团建；
- 上司安排的临时任务，无人牵头，你主动承担；
- 需要跟其他部门合作时，主动申请成为协调人；
- 领导休假或外出时，志愿承担部门某些工作或事务；
- 加入公司业余俱乐部、社团，申请成为负责人；
- 在公司组织的年会、家庭日、运动会或其他大型活动中，负责某个活动版块……

不要瞧不起这些看似不起眼、不重要的机会，而天天想着去"领导"一个大项目。如果你连一些小事、小项目都不会做，做不好，怎么可能获取上司的信任，让他们放心把大项目、大任务交给你呢？

抓住小的"管理机会"，能让你结交到公司各个部门不同的人，还能锻炼组织和协调能力。当你把这些事情做好了，得到该项工作负责人的认可，他们就有机会在你的领导面前表扬你，而你的领导也有机会在这些场合看到你的才华，在心目中留下你很有组织能力和领导力的印象。

四、主动为部门提供服务

在工作中，并不是所有事情都有明确的人负责，有些时候如果你能比别人想得更周到，手、眼更麻利、更灵活，为大家提供更便利的服务，就会给人增加好感度。

比如，团队或部门外出聚餐，点餐的时候，你主动告诉聚餐负责人用餐注意事项，照顾到有特殊需求的人群的口味，比如在座同事哪些人吃素食，哪些人不吃辣，哪些人是穆斯林不吃猪肉，在场的孕妇是否有什么忌口等。

这些同事饮食有特殊性，但很有可能当时不好意思开口，但是倘若你能主动考虑到他们的需求，点餐时考虑充分，不仅是这些同事，包括其他同事在内，大家都会觉得你非常细心、热心、乐于关心同事，照顾他人感受，在无形中就提升了你的影响力。

当然，想做到这一点，平时就要多关心同事，了解到他们的偏好和个人情况，这样具体执行起来才更轻松。

再比如，领导在部门会议讲话期间，你认真听讲并做笔记，领导发言结束后，你就能快速地对要点进行整理和总结，并通过邮件或者微信分享给同事，方便大家保存和会后阅读。

不管对于那些内容整理不全面的人，还是压根就忘了整理的人来说，这个举动无疑是一个莫大的帮助，这不仅体现了你的热心，也体现了你主动服务的精神。

五、来自同事、客户的夸赞

当你跟同事，尤其是来自其他部门的同事合作时，因为你突出的工作能力帮大家解决了难题，他们或者其领导会给你发来感谢的话语或者感谢信，你在客气回复后，可以想一想如何能让领导看到这份表扬。

比如，你可以转发这份表扬，并在正文中这样叙述：

"领导，按照您上次的安排，我跟××部门一起合作推动××项目，现在进展是××，取得了××（列举成就）。他们特别客气，还发了这么一封感谢信,这也是对咱们部门的一个认可,我发给您看看。同时,我也非常感谢领导给予我这次锻炼的机会。"

你看,这样一说,你不仅让领导看到了别的部门对你工作的认可,也顺便介绍了一下工作成绩,还很巧妙地夸赞了领导,就显得不刻意,也不突兀。

很多公司在给员工做年度评估的时候,会有一项内容:"你是否经常得到其他部门同事或领导的肯定或表扬?"

很多人要么在这个地方填上"否",要么很心虚地填上"是",其实如果你平时比较留意这方面,得到同事的积极评价后都能及时分享给上级,那么在回答这个问题时,你就会很自信。

另外,如果你经常跟公司的客户打交道,比如,客户在跟你交流的过程中写了这样的话,"你这个设计非常有创意""上一周我参加贵司的宣传活动,感觉非常精彩"或"你们售后服务的响应速度很快呀"等,也别忘了把它转发给你的直接上司。

六、坚持目标和结果导向

你在完成一项工作或任务的时候,其实公司是付出资源了的,比如从宏观层面来看,公司按时支付给你薪水,给予各种福利待遇,提供必需的办公用品,要求相关部门给予你各种支持和便利等。也许在你看来,这些似乎都理所应当,没有什么值得强调的。

但其实并不是。

公司提供了资源和便利,自然就希望员工做事情达到预期,输出结果,而不是什么事情都敷衍了事,做了也不了了之。

那些有领导潜力的人,深深懂得这个道理,**他们明白,花了资源就要**

出结果，所以他们践行着那句话"凡事有交代，事事有着落，件件有回音"，本质上就是将"目标和结果导向"作为他们做事情的重要准则。这体现在：

- 事必回复

领导或者同事交办的事情，无论多么微小，都要尽力去办。同时不管是否办成，都要给对方回复，不要让对方去猜或者被动等待。

- 风险提示

在推进工作或项目的过程中，遇到困难或者发现有潜在风险的时候，不能逃避或者试图掩盖，而要在第一时间向领导汇报。不要等到错误无法弥补，损失难以挽回的情况下，才通知领导，通常那个时候再做什么也于事无补了。

- 弥补措施

如果因为外部环境发生变化，或者因为自己的原因导致失误，不仅要勇于承担责任，还要尽快想出弥补计划，用以降低风险，缩小损失，并及时向领导通报。

- 事必达成

在开展工作之初，要跟领导确认目标和结果的衡量标准是什么，以及采用何种方法、流程和资源才能保证任务的达成。接下来，在执行过程中，一定要树立"不达目的，誓不罢休"的明确志向，想尽办法克服各种可能遇到的困难或挑战，朝向目标全力以赴。

七、果断做决定，主导行动

要想在人群中迅速体现自己的领导力，很重要的一点就是要有主见，敢于做决定。尤其当面对一个决策，所有人举棋不定的时候，你能挺身而出，提出建议，并用充足的事实和理由影响其他人，当然你也要明确你会为此承担责任，那么无形中你就是这个人群中的"leader"，赢得了威望。

举个例子，领导交办一项任务给你们团队的几个人完成。经过几天的调研和讨论，大家没有明确的思路和方向，也没有达成一致的看法。

这个时候，领导要求你们汇报进展，虽然大家在会上发表了一些评论，但始终模棱两可，没有定论。

在大家犹豫不决的时候，如果你能引导大家有序讨论、互相碰撞，贡献出一些方案或建议；然后你来进行总结和补充，有逻辑地按照1、2、3点进一步阐述观点。那么就能展示出你的决断力和判断能力，显得你有头脑、有气场，也颇具领导力。

八、善于跨部门合作和协调

领导力，是带领和鼓励大家朝向同一个目标，而不推崇个人英雄主义、单打独斗，所以你在跟同事合作，尤其是牵头跨部门任务的时候，就要担当"leader"的角色。

这里说的"leader"，更像是一个"虚拟团队"的领导，因为来自各部门参与该任务的同事跟你没有上下级关系，他们都有各自的本职工作和优先级，对跨部门这个任务的重视程度也不一致，你又如何才能起到领导的作用，推动该任务顺利完成呢？

这里要依靠的就是充分发挥你的影响力和领导力，拆解目标和任务，进行明确的分工，跟大家阐明该任务的重要性，以及对每一个部门和成员的价值和意义所在。针对这一点，你可以跟重要成员进行一对一沟通，获得其支持和理解。

当成员遇到困难时,你不是挖苦讽刺、指责甩锅,而是不断激励、帮助和支持他们一起渡过难关,合力完成该任务并实现目标。

还有一点不容忽视,当该任务或项目有里程碑事件或重大进展时,要主动提议对各成员进行表扬和庆祝。比如,邀请大家参与聚餐,或者写一个总结邮件发送给所有成员,同时抄送给自己的领导以及跨部门的领导,让大家知道任务取得了一定成绩。这样会在同事中积累和扩大影响力,同时进入各级别领导的视线。

九、积极发言,善于总结

想建立自己的影响力,在会议中你也要有得体的表现,比如**积极发言**,阐述观点,给其他同事恰当的反馈,认同和跟进领导会议上的决策,善于总结、讨论重点,等等。

这里面有几个要点需要注意:

- 开会要坐前排座或者离领导比较近的位置,这样既增加了曝光率,有利于积极发言,也方便跟领导眼神交流;
- 领导发言的时候,要认真倾听,记录要点,并且适时地用点头、微笑等方式给予领导积极的反馈;
- 领导向在座同事提问或者确认某件事的时候,要主动回应,不要等领导点名自己才不情愿地回应;如果领导的问题比较敏感或者不好回答,没有人愿意回应,你可以主动打破僵局,将领导的问题复述一遍,然后委婉开头。比如说:"领导,如果我没理解错的话,那我试着回答一下,如果有说得不对的地方,也请您纠正……";
- 当同事分别从不同角度参与讨论发表观点的时候,听上去比较凌乱,那么你可以在听完大家的想法后，主动将其归纳汇总一下，比如说："刚才几位同事的观点都很好，我这边帮着大家总结一下，是这样：第一，……；第二，……；第三：……"。

十、大局观，工作思路清晰

要培养自己的大局观，不要只局限于自己的私人利益或者本位主义，在考虑问题和寻求解决方案的时候，**懂得站在比自己高一级或者高几级的领导层面上去思考**。

这样，你的视野和格局就能拓宽和拔高，对问题的看法也具备了战略性和前瞻性，能更系统性地思考全局，从而减少做出不恰当的决策或减少决策失误。

具备领导潜力的员工，在开展工作前并不盲目动手，而是**先厘清工作的思路**，在纷繁复杂的信息中，用结构化思考的方式找到该项工作的重点所在，能根据目标列出优先级和主次，进行归纳和总结，将努力和着力点用在正确的方向上。

关于如何培养和训练自己的结构化思维，你可以回顾本书第五章内容。

所以在日常工作中，你是否能有一个清晰的的工作思路，往往会决定整体工作效率和最后的产出质量，而这也是领导非常看重的一点。

综上，想要获得职场进阶，不单单是工作努力有成果，更为重要的是，你要能体现出自己具备担当管理者的潜质，拥有成为领导者的资格。

这就意味着你在思维和视角上要有别于普通员工，不能守着自己的"一亩三分地"，仅仅局限于完成本职工作。

要学会展示自己的能力，多站在领导的角度思考问题，具备大局观；做事情思路清晰，以结果为导向；依靠团队协作，靠谱可信；拥有稳定的情绪、发挥稳定的能力，展现出自己成熟、稳重的形象，等等。

想要做到这些并不是一蹴而就的，急也是急不来的，**先提升认知并建立"领导"意识，在实际工作中一点点去实践和落实，并不断通过总结、复盘和反思自己哪里有突破之处**，哪里还有不足需要提升，然后一点一点去训练、去攻克，这样领导潜质就会不知不觉体现在你的日常言行中，也一定会被有经验的领导看到并认可。